WOLFGANG JOOP

DRESS CODE

Stilikonen zwischen Kult und Chaos

Redaktion: Nils Binnberg

INHALT

DRESS
CODE

Es ist doch immer wieder erstaunlich. Wann immer die Rede von Stil ist, werden wir plötzlich alle esoterisch. Dann klingen wir auf einmal wie irgendein Ex-Model, das nicht mehr auf dem Runway sondern ins Yoga-Studio läuft. »Bin ich das?«, »Bin ich das nicht?«, stehen wir fragend in einem neuen Outfit vor dem Spiegel und legen die Stirn so in Falten, als ginge es darum, den Gencode unseres Daseins zu knacken. Wie anstrengend. Aber ich beobachte das immer wieder. Gerade erst in einer Boutique. Sagen wir, Berlin Ku'damm. Da steht die Kundin vor einer Bluse und die Verkäuferin wird mit quengelndem Ton gefragt: sagen Sie, bin ich das wirklich? Liebe Kundin, vielleicht fragen Sie da besser ihren Psychotherapeuten, würde mir dazu an Ihrer Stelle als geeignete Antwort einfallen. Aber bevor der Gedanke Gestalt annehmen kann, fällt schon dieser Satz hier: »Doch, das sind Sie aber!« Ähnliche Sätze begleiteten auch meine Karriere. Woher sollen wir auch wissen, wer wir selbst sind? Wenn wir uns selber gegenüberstehen und uns wie unser Gegenüber sehen könnten, dann wäre das von der Schöpfung so gemacht worden, nicht wahr? Wir brauchen ein Medium, in dem wir uns spiegeln können. Ein Schaufenster, eine Autoscheibe oder ganz klassisch ein Foto von uns selbst, auch Selfie genannt. Aber alles umsonst: im Spiegel erkennt man die eigene Aura nicht und das »Ich« ist spiegelverkehrt, tja.

»GANZ EGAL, FÜR WELCHES HILFSMITTEL WIR UNS ENTSCHEIDEN: WER WIR SIND, DAS KANN UNS IMMER NUR DER ANDERE ERZÄHLEN. DIE FRAGE IST WIRKLICH LANGWEILIG, WEIL SIE EH OHNE ANTWORT BLEIBT«

Ich habe mit den Jahren gelernt, es eher erleichternd zu finden, auf vielen verschiedenen Fotos verschieden auszusehen. Irgendwann habe ich den mutigen Schritt gemacht, gar nicht mehr wissen zu wollen, wie ich in einem völlig neuen Umfeld wirke. Mir war es plötzlich praktischerweise egal, ob ich abgelehnt, aussortiert oder neu interpretiert werde. Na gut, ehrlich gesagt wurde ich dazu gezwungen. Bei den Dreharbeiten von »Germany's Next Top Model« hatte ich keine andere Wahl. Durch dieses Ständige-Gefilmt-Werden, von morgens bis abends, egal ob gut oder schlecht geschlafen, Hinkefuß, kein Hinkefuß, Fliege im Auge, war meine Devise irgendwann: Einfach durchhalten und mich meinem Umfeld überlassen. Es warnten mich aber alte Bedenken, mich gefilmt zu sehen. Vielleicht würde ich jemanden sehen, der mir zwar ähnlich wäre, ich ihm aber nicht ähnlich sein will? Und das meine ich eben auch: Es geht ja nicht darum, sich permanent zu spiegeln und dann die endgültige Lösung zu finden. Man muss sich immer wieder neu auf sein Selbst einlassen. Anstatt sich ständig zu fragen »Bin ich das?«, wie wäre es mal mit der Frage: »Wer könnte ich eigentlich sein?«.

» WENN IHR MICH FRAGT: ICH WILL MEINEN STIL NICHT UNBEDINGT ERKENNEN, UM LEBENSLÄNGLICH DER GLEICHE ZU SEIN. ICH MÖCHTE IMMER SO AUSSEHEN WIE DER, DER MIR GERADE GEFÄLLT. ABER NICHT SO, WIE ICH VOM LIEBEN GOTT ODER DER BÖSEN MUTTER NATUR ZURECHTGESCHUBST WURDE. SOLL ICH MICH DAUERND MIT DIESEM KOMPROMISS ABFINDEN? DENKE GAR NICHT DARAN «

Dafür haben wir doch dieses Illusionsgeschäft der Mode. Sonst können wir ja gleich das eigene Leben mit der Handkamera filmen. Langweilig. Jedenfalls möchte ich von dieser *real inner person* nicht viel wissen. Da erfinde ich doch lieber eine Story, die zu mir passt. Erfinde immer wieder eine neue Pose, die uns jene Mode diktiert, die ich gerade tragen will. Das ist wie beim Kochen, wenn der Fisch sagt, dass er aus der Pfanne will. So sagt mir auch die Jacke, wie sie getragen werden will. Mode ist immer auch eine Frage des Willens. Und jetzt mal ehrlich: Ihr und ich, wir sind Fashion Victims. Schon immer gewesen. Deswegen sind wir hier ja verabredet, oder? Wir brauchen die Mode zum Ausdrücken unserer Persönlichkeit wie der Spieler das Roulette. Es macht uns Spaß, sie wie eine Botschaft zu nutzen. Mal wollen wir edgy sein, mal intellektuell, dann wieder sexy. Mal wollen wir mit ihr die Wahrheit sagen, dann wieder hilft sie uns zu lügen. Wie gut, dass in der Mode seit Jahren ein und dieselbe Devise gilt: *anything goes*. Es gibt keine echten Moderegeln mehr: *No brown after six?* Ich bitte euch. Selbst die britische Upper-Class hat diese Regel längst gebrochen. Wir befinden uns in einer nervösen Fashion-Situation. Der kollektive Hang zum Individualismus hat einen Stil produziert, der eigentlich recht schwer zu beschreiben ist. Außer vielleicht, dass es ein Stil ist, der schon lange alles nebeneinander möglich macht. Man kann seit 25 Jahren die Jeans mit dem Blazer anziehen, seit 25 Jahren die Jeans mit High Heels. Man kann eine weite Jeans, eine zerfetzte, eine dunkle anziehen. Aber es bleibt immer dasselbe Thema: Jeans!

In einer Zeit, in der alles möglich ist, kann man sich in diese Masse einbringen, ziemlich leicht sogar. Na, dann ist doch eigentlich alles ganz easy. Endlich herrscht Mode-Demokratie! Von wegen. Wenn man Akzente setzen will, muss man sich ziemlich anstrengen und schon ganz genau überlegen, was man von den ganzen Stil-Zitaten benutzt und sich vom Mainstream absetzt. Man kann sich am Rest vom Punk bedienen – was wir alle tun – man kann sich aber auch an Second-Hand bedienen. Dann hat man die Wahl: Sportswear, active oder passive? Fetisch oder Folklore? Oder doch lieber ein bisschen Grunge (unter uns: macht am wenigsten Arbeit). Dafür würden wir das, was als

»zeitlos« in unseren Schränken hängt zum Benefit des 90er-Jahre-Purismus opfern. Die Mode-Themen der letzten 50 Jahre lassen sich einfach unendlich zitieren und recyclen.

»WENN NUN IN DER MODE ALLES GEHT, WORAN SOLL MAN SICH DANN ORIENTIEREN? WIE SCHAFFT MAN ES, DASS DER LOOK NICHT IM CHAOS ENDET? WIE SOLL MAN AUS DER MASSE HERAUSSTECHEN? UND WIE WIRD MAN MIT SEINEM STYLING ZUR KULTFIGUR«

Don't panic! Am besten, man macht es wie diese ganzen so genannten Stil-Ikonen. Sie wissen ganz genau, wie man sich mit dem Zeitgeschmack verabredet und einen Stil zurechtpuzzelt, der unverwechselbar, alltagstauglich, *very now* und *very me* ist. Es ist wirklich smart, wie sie einen Dresscode zu haben – ohne dass man auf einer Party-Einladung dazu aufgefordert wird. Besser, man macht seine ganz eigene Veranstaltung. Oder um es mit den Worten einer waschechten Stil-Ikone zu sagen: *Why don't you?* Macht doch einfach mal und hört auf Diana Vreeland.

Vreeland, die legendäre wie gefürchtete Chefin der amerikanischen Vogue war eine der Ersten, die das Spiel mit Dresscodes erfunden hat. Sie hatte eine ganz starke Vision. Und sie hat in ganz starken Bildern gedacht, in großen Inszenierungen. Sie hat ihren Job mit einer solchen Überzeugungskraft gemacht, dass sie die legendärste Moderedakteurin aller Zeiten wurde. Die Erste, die in dieser Branche zu einer Berühmtheit wurde. Ihr Geheimnis? Sie inszenierte sich ikonografisch, wurde zu ihrer eigenen Karikatur, indem sie zu einer asiatischen Emperess im chinaroten Lack-Salon mutierte, von dem aus sie noch heute, posthum, herrscht.

Diana Vreeland hatte bestimmte Essentials, mit denen sie sich selbst und ihre Umgebung dekorierte: diese Art chinesischer Kampfzopf, eine Sumo-Ringer-Frisur, das chinesische Lackrot, das sie zu ihrer Farbe erkoren hat, das eigentlich groteske Profil, in dem sie sich fast immer darstellen ließ, mit der riesigen Nase und den Schlupflidern, dem fliehenden Kinn. Und sie hat stets knallharte Wahrheiten von sich gegeben, die ihre Einzigartigkeit unterstrichen und die jedem zeigten: Ich bin eine in jeder Beziehung unangepasste Figur. Den Allure-Begriff, den sie aufstellte, hat sie an sich selber am besten präsentiert. Er ist als Tipp bis heute gültig. Sie war im landläufigen Sinne eine Frau, die all das, was ein amerikanisches Schönheitsideal ausmachte, nicht hatte. Sie hatte keinen vollen Busen, sie war nicht blond, sie hatte keine schönen Zähne. Sie hatte eher etwas Groteskes, was sie mit der aus dem Gesicht gezogenen Lackfrisur unterstrich. Sie hatte eher etwas von einer Maske, indem sie auch noch den viel zu großen Mund knallrot bemalte. Dann trug sie kiloschwere Schmuckstücke. Diana Vreeland schien mehr wie eine Skulptur denn Frau. Allure, das hat sie selber ein Mal gesagt, ist nicht das Vertuschen von Mankos oder von Eigenartigkeiten, Abweichungen der allgemeinen Norm. Allure ist, sich vor den Spiegel zu setzen und genau diese Abweichungen zu präsentieren, hervorzuheben, zu unterstreichen. Denn es ist ja nichts peinlicher, als wenn das, was man eigentlich verdecken will, doch entdeckt wird. Lieber aus einem Fehlgriff einen Kunstgriff machen. Sie hat sich nie in Ruhe gelassen, selbst als sie später an Sehkraft einbüßte. Sie hat einfach immer weitergemacht.

» ES IST EINE GROSSE ANSTRENGUNG ZU WISSEN, DASS MAN VIELLEICHT NICHT DAS RICHTIGE ANHAT, ABER SO EIN GESICHT ZU MACHEN, ALS OB ES RICHTIG WÄRE «

Warum kommt dieses schöne Wesen, das tief in mir verborgen ist, nicht ans Tageslicht? Tief in uns drinnen sind wir doch alle schlank, schick und modern. Morgen wird sowieso alles besser. Warum fällt diese Verpackung nicht einfach ab und der schöne Inhalt kommt hervor?

Für mich ist Mode eine Inszenierung, eine Selbstinszenierung, die für den Menschen, der es tut, einen Grund hat. Deshalb habe ich noch nie in meinem ganzen Leben irgendjemandem einen Rat gegeben – und werde es auch nie tun. Es ist vielmehr Tiefenpsychologie, was wir da tun und vielleicht noch nicht mal von uns selbst erkannt. Aber unsere Seele hat einen Grund, warum wir Grün statt Gelb nehmen oder Rot statt Pink. Es gibt ja nicht ohne Grund die Psychologie der Farben, es gibt eine Psychologie und Pathologie in Schnitten und Kleidungsstilen, die wir wählen. Wenn wir uns die Geschichte angucken, sehen wir, dass Frauen ganz stark mit einer Anti-Mode reagierten, als die Männer in den Krieg zogen. Sie legten die Rüstungen ab, in die die Männer sie gesteckt hatten. Ihre eigenen, mit denen sie seit Jahrtausenden in den Kampf gingen, polierten sie auf Hochglanz, um damit den Feind zu täuschen – was beweist, dass Mode ein Täuschungsmittel ist. Es geht immer darum, dem Anderen mit seinem Outfit Überlegenheit und Stärke zu signalisieren. Mit Mode kann man anderen aber auch einen Horizont vorgaukeln, den man ohne sie nicht betreten oder erreichen kann. Deshalb habe ich nie bei jemandem mit Styling-Tipps eingegriffen, der mir nicht ganz vertraut ist.

Ich werde mich auch in diesem Buch davor hüten, Ratschläge zu geben. Stattdessen stelle ich 12 Frauen vor, die wir von den Partyseiten in Klatschzeitschriften, Street-Style-Blogs oder aus der Front-Row bei den Fashion-Shows kennen und die wie Diana Vreeland das Kunststück vollbracht haben, sich vorbildlich in eine stilistische Marke zu verwandeln – oder köstlich an dieser Aufgabe gescheitert sind. Jede, egal, ob jung oder alt, dick oder dünn, blond oder brünett, hat sich mit der Frage auseinandergesetzt, »wer will ich sein« – und nicht »wer bin ich«. Sie alle haben einzigartigen Dresscode, eine Formel, die ihre vermeintlichen Fehler nicht vertuscht, sondern betont. Manchmal sind ihre Looks Kult, manchmal Chaos, aber immer unterhaltsam. Ob ewiges High-School-Girl (Alexa Chung), Dandy-Frau (Tilda Swinton) oder Fashion-Kämpferin (Iris Apfel): die meisten Frauen in diesem Buch haben selber Stil-Vorbilder, die sie geprägt und inspiriert haben – und sie sind inzwischen längst selber Ikonen und Leitfiguren – oder doch nur Karikaturen ihrer selbst. Mit ihren Looks sind sie echte Alternativen zum Trend-Einerlei oder Warnhinweise. Es ist erstaunlich, wie leicht es scheint, sich eine Formel zu überlegen. Vorausgesetzt, man nimmt die intellektuelle Herausforderung, das Spiel mit der Mode ernst und beweist Mut, anders sein zu wollen. Also: *Why don't you?* Unterhaltet uns!

1
CARINE
ROITFELD

French Fem
Keine Blau
SHOPPING—

teilen
und
ets!

MADAME TRÈS COOL

Die Roitfeld hat natürlich absolut das, was man in Paris lernt und wirklich alle Frauen auf dem Planeten Fashion schon immer versucht haben zu imitieren: den ultimativen »Bobo-Schick«. Pardon? Na, diesen *I-Don't-Give-A-Shit-About-Fashion-Look* eben. Sehr souverän, sehr selbstbewusst, sehr *effortless*. Sie ist einfach Miss Übercool. Punkt. Ein Blick auf irgendeinen Street-Style-Blog oder die Partyseiten einer Klatschzeitschrift verrät: La Roitfeld ist überall. Sogar eine eigene Website wurde dieser Doyenne der High Fashion gewidmet: »I Want To Be A Roitfeld«. Jeder Moment der Roitfeld-Familie ist dort minutiös dokumentiert. Lunch im vornehmen »Caviar Kaspia« mit ihrem mysteriös sexy Sohn Vladimir in Paris. Ein Playdate mit ihrer Tochter Julia und dem Enkelkind Romy im New Yorker Apartment. Ja, die Roitfelds sind so etwas wie die heimlichen Royals der Mode. Wer will nicht zum »Club Carine« dazugehören? Genau.

Ich verstehe gut, warum junge Frauen ihrem Stil erliegen. Er ist souverän. No Farce, no Firlefanz. Ihr Look ist immer *à point*. Der schmale Bleistiftrock, dazu ein hemdblaues Shirt mit weißen Manschetten. Sehr originell ist er nicht. Aber trotzdem gleitet man bei ihr nicht so ab wie bei vielen anderen sogenannten Street-Style-Ikonen. Während diese in einer permanenten Verkleidung herumlaufen, nur um den Fotografen zu gefallen, vermeidet eine Carine Roitfeld beim Styling effekthascherische Gimmicks. Sie hat diese Waffe nun wirklich nicht nötig. Immerhin ist sie Miss Professional Cool, nicht wahr? Die trotz ihres Alters, obwohl sie Mutter und Geliebte ist, noch vor Sex-Appeal und Finesse strotzt – und vor allen Dingen vor Ironie. Sie sieht doch eigentlich immer so aus, als hätte sie gerade einen dreckigen Witz erzählt. Man hat das Gefühl, sie versteht, dass Mode keine Religion ist, sondern Entertainment. Dass man auch wesentlich schicker ist als *bad girl* denn als *good girl*. Weil ja jeder weiß: *Good girls* kommen zwar in den Himmel, *bad girls* aber überallhin.

Obwohl sie aus einer großbürgerlichen Pariser Familie stammt, umwehte die Roitfeld nie *un air hautain*, dieser kühle Habitus der bourgeoisen, feinsinnigen Pariserinnen. Gerade diese hat sie als Chefin der französischen »Vogue« von Anfang an vor den Kopf gestoßen. Mit Vorliebe steckte sie Männer in Lingerie, ließ Models in Kinderkleidern, mit offenen Mündern voller Pillen, im Schlachthaus oder einbandagiert wie nach einer Schönheits-OP fotografieren. Sie nahm einer weißen Bluse die

»MIT IHRER KACKFRECHEN ATTITÜDE STIEG SIE IN DIE ERSTE LIGA DER EDITORIALISTAS AUF. ROITFELD WURDE PLÖTZLICH SELBST ZUM MODESTAR«

Unschuld mit Piercings und nackten Brüsten, kombiniert zu Yves-Saint-Laurent-Anzügen und Handfesseln aus dem SM-Shop. Sie war es, die dem kaugummisüßen 90er-Jahre-Glamour seinen Zauber nahm, indem sie immer kleine Frivolitäten und Geschmacksübertretungen in ihre Modestrecken einbaute. Alles, was nach Tabubruch roch, wurde teuer inszeniert: gleich vier barbiekopfgroße Diamant-Rolex an einem Handgelenk, Pelz in Pastell und Kippe zwischen den schwarz lackierten Fingernägeln. Ihre Gucci-Frauen hatten das Geld, die Männer den Sex – so die Botschaft des »Porno Chic«, wie ihr zigfach kopierter Stil getauft wurde. Es war aber alles andere als eine Sexpostille, was sie da herausbrachte. Es war einfach provokant. Vor allem für die eingefleischten »Vogue«-Leserinnen, die sich das Heft unter der Trockenhaube beim Coiffeur genehmigten. *Mon Dieu!* Mit ihrer kackfrechen Attitüde stieg sie in die erste Liga der Editorialistas auf. Roitfeld wurde plötzlich selbst zum Modestar.

Was aber ist Carines Stil-Geheimnis? Wie schafft sie es, so *effortless* elegant und doch *dirrrrty* auszusehen? Ich verrate es euch. Es ist nicht der dicke Gürtel oder die teure Designer-Tasche. Es ist das ganz Banale. Denn: Was ist schon ein beiger Rock? Das ist doch wirklich das Dümmste, was es gibt! Da würde ich im Leben nicht drauf kommen. Dieses Stück Rock, das einer Landleberwurst ähnelt und unmöglich pikant sein kann. Und ihr gelingt es. Kombiniert dazu auch noch ganz frech eine Bluse mit Contrast-Collar – diese Dinger hat man vorher höchstens noch an zugeknöpften New Yorker Bankerinnen gesehen. Bei Carine wird aber selbst das zum Sexspielzeug, indem sie das Shirt auf Bauchnabelhöhe aufknöpft. Eigentlich könnte jede Frau ihren Look nachmachen. Weil es wirklich essentiell ist. An ihrem Look kann keiner etwas aussetzen. Nicht der Spießer, nicht der Fashion-Fetischist, niemand. Der ist wirklich *safe*. Nun wissen wir aber, dass die einfachsten Dinge schon immer die meiste Mühe gemacht haben. Das ist so ähnlich wie die Frage: »Wer macht die besten Bratkartoffeln?« Ganz einfach: der, der neben Salz und Pfeffer auch eine Prise Zucker dazugibt. Auch bei Carine bekommt der Look durch das Simple einfach eine Brisanz. Man guckt zweimal hin und denkt: Warum ist das eigentlich so unverschämt? Weil es so alltäglich ist. So *everyday*. Aber ganz schmerzfrei ist das eben nicht, was sie da veranstaltet. Die Carine-Formel mag simpel sein, aber bequem ist sie nicht. Ihr Look geht nur mit Souveränität, der geht nur mit High Quality, der geht nur mit einem geraden Rücken.

» VIELE LEUTE GLAUBEN, WENN SIE ETWAS SICHERES ANHABEN, DANN IST ES AUCH BEQUEM. STIMMT ABER NICHT. WENN ES GANZ SICHER IST, DARF ES ÜBERHAUPT NICHT BEQUEM SEIN «

Wenn man sich die Outfits von Carine Roitfeld genauer anschaut, sieht man Folgendes: Madame trägt vorzugsweise Bleistiftrock, Bluse und High Heels, am liebsten Dunkelblau oder Schwarz. Stimmt, das ist *safe*, aber *casual* ist es nicht. Der Blazer gespannt, der Rock knalleng, die Heels zentimeterhoch: Genau das macht ihren Look zu einem Balance-Akt. Das ist eben NICHT der Blazer von Frau Merkel. Er ist nicht lässig. Er ist auf den Punkt. Viele Leute glauben, wenn sie etwas Sicheres anhaben, dann ist es auch bequem. Stimmt aber nicht. Wenn es ganz sicher ist, dann darf es überhaupt nicht bequem sein. Das ist wie bei einer Uniform. Die zwingt einen zu einer Haltung, die den Unterschied zu allen anderen macht, die dasselbe tragen wie man selbst. Das ist zum Stechschritt verordnete Disziplin. Und Carine Roitfeld trägt im Prinzip auch Uniform. Sie variiert zwar innerhalb des Stils den Stil, damit ihr Look nicht zur klassischen Stereotype wird. Aber ihr Trick ist nicht, dass sie Basics trägt. Ihr Trick ist, dass es niemals bequem ist.

» DAS WICHTIGSTE: EINE GUTE KÖRPERHALTUNG. DAS IST SCHON DIE HALBE MIETE, UM GUT AUSZUSEHEN «

Um den simplen Roitfeld-Look zu tragen, muss man eine astreine Körperbeherrschung haben. Sonst: Figur weiterhin in den Jogging-Anzug werfen und *back to the couch*! Das schmale Oberteil, das sie trägt, erlaubt nur wenig Fast Food. Darin kann man nicht einfach so rumhängen. Madame Roitfeld weiß natürlich, wie man sich darin richtig hält. Das kennt sie noch von ihren Ballettstunden. Ihr Look ist trainiert. Apropos: Das finde ich das Wichtigste. Eine gute Körperhaltung. Das ist schon die halbe Miete, um gut auszusehen. Diese ganzen Schlabberlooks, die ich tagein, tagaus an jungen Mädchen sehe, dann noch kombiniert mit einer unsicheren Körperhaltung, das ist doch unattraktiv. Girls, nehmt euch bitte ein Beispiel an Carine. Das lohnt sich auch in anderer Hinsicht. Weil sie etwas Sportives hat, hat sie eine sehr jugendliche Ausstrahlung – und das, obwohl sie wirklich nicht mehr jung ist. Das erlaubt ihr, Dekolleté und Busen zur Schau zu stellen. Durch die Schulterhaltung, den Hals und die Beine wirkt das absolut sportlich. Obgleich man sieht, dass die Beine nicht mehr jung sind und der Hals nicht mehr glatt ist. Aber sie hält es hier wie Diana Vreeland: Problemzonen werden nicht versteckt, sie werden hervorgehoben.

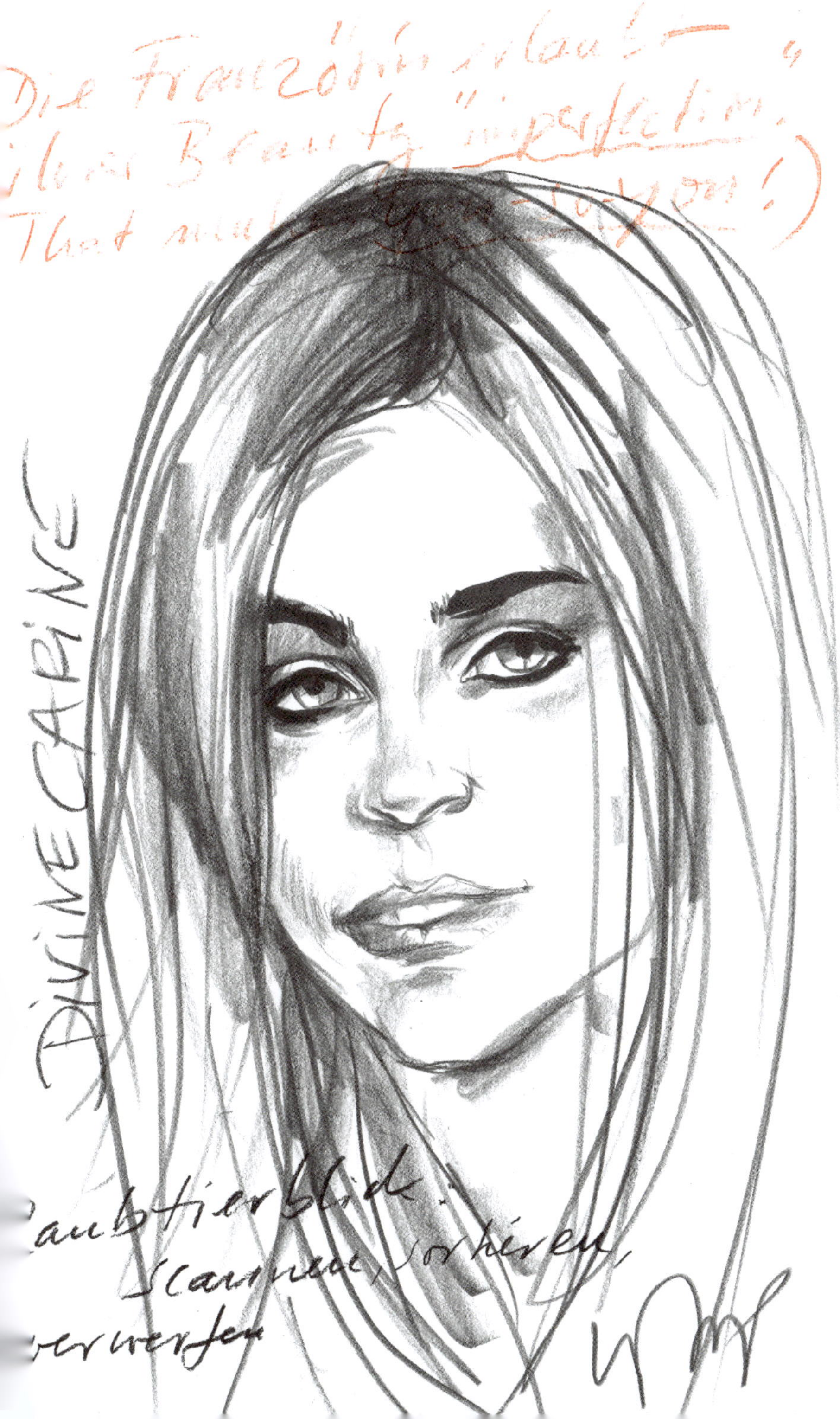

DIVINE CARINE
Scannen, vorhören,

» VORSICHT! IN BILLIGEM MATERIAL ODER SCHLECHTEM SCHNITT MACHT EIN BEIGER ROCK AUS JEDER FRAU EINE VORSTADT-TRUTSCHE «

Bei Carines Look erkennt man, dass jedes einzelne Stück teuer ist. Nicht irgendeine Dekoration, irgendein experimenteller Schnitt oder irgendeine wilde Print-Kombination lenkt von der Qualität des Schnittes oder des Stoffes ab. Der Roitfeld-Dresscode besteht in der Simplizität. Aber Vorsicht! So ein simpler Rock in Beige ist hochgefährlich! In billigem Material oder schlechtem Schnitt macht er aus jeder Frau eine Vorstadt-Trutsche. Nicht bei ihr. Carine kann cool. Sie hat ja nun mal den Vorsprung, alle Variationen der Mode gesehen zu haben. Es liegt aber auch daran, dass sie eigentlich immer nackte Beine trägt, also keine Netzstrümpfe oder irgendwas Lustiges unterrum. Überhaupt: Carine kleidet sich ausnahmslos reduziert, nur hin und wieder mal trägt sie ein Accessoire. Handtaschen verabscheut sie. Sie hat dazu in einem Interview mal etwas Wunderbares gesagt, wofür ich sie mein ganzes Leben lang verehren werde: »Handtaschen? Als ich jung war, hatte man die Hand in der Hand des *boyfriend* und die andere in der Hosentasche.« Bravo!

Typisch frensh:
perfekt aber
nicht angestrengt.

» WAS GEGEN KRUMME KNIE HILFT: LERNEN, GERADEAUS ZU GUCKEN «

Zum engen Rock gehören natürlich hohe Absätze. Carine hasst vollkommen zu Recht Flip-Flops und Schläppchen (und ich hasse Ballerinas. Pardon!). Die Geräuschkulisse klebriger, nackter Füße… ersparen wir uns die Details. Flache Schuhe passen einfach nicht zu ihrem Look, der auf ein Podest gehört, damit man ihn anbeten kann. Ihre oberste High-Heels-Regel lautet daher: »Tagsüber zehn Zentimeter, am Abend mehr.« Aber bevor jetzt die Killer-Heels aus dem Kleiderschrank hervorgekramt werden: Hohe Absätze muss man auch bedienen können, sonst sieht es schnell aus wie Storch auf Wackelpudding. Es erfordert harte Übung, Balance zu halten. Auf keinen Fall krumme Knie machen! Was dagegen hilft: lernen, geradeaus zu gucken. Nie auf den Boden! Und was man unter keinen Umständen tun sollte, was viele Pseudomodels aber ständig tun: dieses Auf-dem-Strich-Gehen, dieses Einen-Fuß-vor-den-anderen. Das ist überhaupt nicht schick.

Sind Füsse nackt,
müssen Sandalen
hoch und teuer sein.
Billige, flache
trugen die Jünger von
Jesus!

Was Carines Look am Ende auch unverwechselbar macht: ihr Haar. Dabei ist es vollkommen egal, ob sie es nun schulter- oder kinnlang trägt, viel entscheidender: Sie trägt es a) immer offen und b) immer mit einem Mittelscheitel. Was sie damit erreicht: Ihre Haare sind wie ein *framing*. So wie das Bild mit Rahmen wichtiger aussieht als ohne, sieht auch das Gesicht mit einem Frame gleich viel bedeutender aus. Nun hat der Mittelscheitel per se etwas Madonnenhaftes. Was dann auch bedeutet, dass er nicht für jede Frau geeignet ist. Man braucht schon recht regelmäßige Gesichtszüge. Und was auch ganz wichtig ist bei ihrem Gesicht: Sie hat sich die dicken Augenbrauen nicht zupfen lassen. Damit betont sie etwas, was als nicht gefällig gilt. Das lässt sie männlich aussehen. Ist ihr professioneller Blick auf die Frauen in ihren Arbeiten nicht schon immer abschätzend wie ein Mann? Aber zurück zum *framing*. Frauen wie Carine zeigen aus Prinzip nicht so gerne zu viel von ihrem Gesicht. Wenn man schon dauernd an Fotografen vorbeiläuft, ist es ganz gut, sich dem Blick zu entziehen, nicht wahr? Sie, die alles beurteilt, möchte ja nicht unbedingt beurteilt werden. Aber natürlich verdeckt sie mit ihrer Frisur das Gesicht UND ist gleichzeitig mit ihrer Frisur erkennbar. Das gilt für alle Modefrauen – von Anna Wintour (der Bob!) und Suzy Menkes (die Tolle!) bis zu Diana Vreeland (der rabenschwarze Sumo-Ringer-Zopf!). Sie alle haben ein ikonoklastisches Gesicht, zu dem sie irgendein Element – immer die gleiche Frisur, immer die gleiche Brille oder immer den gleichen Typ Schmuck – kombinieren. So etwas hat Wiedererkennungswert. Nicht die tausend Farben aus dem Drogeriemarkt.

Mit Sonnenbrille
schützt sich der
Mode-Profi.

» EINE SIMPLE FRISUR, DIE ENTSCHLOSSEN WIRKT, GIBT SICHERHEIT «

Und noch was: Die ganz großen Fashion-Doyennes halten natürlich immer die Hände still. Das macht Frau Roitfeld – Frau Wintour übrigens auch. Und das ist überhaupt etwas recht Wichtiges: dass man die Hände still hält. Früher wurden die jungen Frauen von ihren Müttern angewiesen, sich nicht ins Gesicht und die Haare zu fassen. Das waren wirklich kleine Kunstwerke auf den Köpfen. Heute schüttelt man andauernd die Frisur und macht so auf nervös, streift die Haare hinter die Ohren, hach, und stöhnt dabei. Das genügt auf Dauer nicht als Flirtmittel. Da macht man sich besser eine Frisur, wie Carine Roitfeld sie trägt. Da kann nichts passieren. Eine simple Frisur, die entschlossen wirkt, gibt Sicherheit.

CARINES
DOS AND DON'TS

Versteht Mode nicht als Religion, sondern
als Statement.

Unterstreicht vermeintliche Problemzonen!
Das macht euch interessant.

Röcke stets mit nackten Beinen tragen.

Bewahrt Haltung wie eine Ballerina!
Damit wird ein 08/15-Outfit zum Unikat.

Achtet auf hochwertige Materialien!

Gebt eurem Gesicht mit den Haaren einen Rahmen.
Das macht es wichtig.

Verzichtet auf It-Bags & Logo-Gürtel!

Vermeidet Styling-Gimmicks.

WOLFYS FASHION-GLOSSAR: CARINE

BOBO-SCHICK – Bohemian Bourgeois.
Auf Deutsch auch nichts anderes als ein Stil von
arrivierten Menschen in den Metropolen New York
und Paris, die sich betont selbstbestimmt geben.

AIR HAUTAIN – Ein Hauch typisch französischer
Überlegenheit.

EDITORIALISTA – Moderedakteurin.

EFFORTLESS – Gegenteil von overdressed; zeigt,
dass das Outfit nicht dein *main concern* ist.

CONTRAST-COLLAR – Frischekragen; zeigt als Erstes
an, dass die Bluse in die Wäsche gehört.

ESSENTIALS – Grundzutaten.

VORSTADT-TRUTSCHE – Frau, die die »Bunte« für
ein Modemagazin hält.

FASHION-DOYENNE – Herrscherin über
Mode-Epochen; illustriert die weltweit gültigen
Fashion-Gesetze.

2
ALEXA CHUNG

Hut ab!
Es gehört doch
"was" dazu mi
Rosenkranz
und dunkle
Mäntelch
Streublü
sich für
Rolle de
Maja"
welke

PRINT is

SOME GIRL
THEY DARE
SOME GIRL
THEY DON'

HIGH-
SCHOOL-
GIRL

Alexa Chung lebt den Traum eines jeden Teenagers. Das
Brit-Girl mit dem Bambiblick und den ungezähmten Haaren
umgibt sich mit Londons Pop-Society: Pixie Geldof ist die beste
Freundin, und wenn die gerade auf Tournee ist, geht sie eben
mit Daisy Lowe, Poppy Delevingne oder Nick Grimshaw aus.
Die Szeneclubs der Stadt bezahlen Alexa bares Geld, wenn sie
sich alleine oder mit ihrer Clique dort blicken lässt. Renommierte Modefotografen wollen mit ihr arbeiten, Stardesigner
umgarnen sie, damit sie ihre Entwürfe trägt und die Marke so
zum Must-have adelt. Die britische »Vogue«, die »New York
Times« und das US-Style-Magazin »W« schwärmten schon von
Alexa, der Coolen; dann posierte sie unter anderem auch noch
für die Cover von »Harper's Bazaar«, »Pop«, »L'Officiel« und
»Nylon«. Egal, wo sie auftaucht: Alexa wird hofiert wie eine
kleine Prinzessin. Für die Hysterie gibt es eigentlich keinen

besonderen Grund: Alexa hat weder berühmte Eltern noch Talente, die *extraordinary* wären. Ein paar Modeljobs, als sie noch jünger war, ein paar Jahre als Musikvideo-Moderatorin – nichts, was für das Dasein auf den internationalen Laufstegen oder Kinoleinwänden reicht. Doch irgendwie wurde aus der unbekannten Schulgöre ein, nein, DAS It-Girl des 21. Jahrhunderts, das die Welt mit einer geheimen Zutat in Verzückung zu bringen scheint. Dieses gewisse Etwas, es kann nur ihr Look sein. Denn Alexa ist modemutig. Sie trägt Blümchenkränze zum Streublümchenkleid, hochgeknöpfte Mäntelchen mit rausgewachsenen Ärmeln, als wäre es Baby-Dior und ordnet ihre zahnstocherdünnen Beine stets zu einem hilflosen X an. Alexa Chung ist eine moderne Kindfrau, ein Mädchen, das für immer auf dem Weg zur Highschool zu sein scheint. Und wer einen Blick in ihr Bilderbuch »It« wirft, ihre Stil-Biografie, der versteht auf einmal ihren Dresscode. Für ihren »Alles-kann-nichts-muss«-Look hat sie sich Stilikonen ausgesucht, die jede auf ihre Art und in einem bestimmten Slot Lolitas waren: die Warhol-Muse Edie Sedgwick, die Fashion-Kleptomanin Winona Ryder, das Über-Model Kate Moss und vor allem: Anna Karina. Dass sie ausgerechnet das Godart-Girl aus dem Streifen »*Une femme est une femme*« als *role model* auserkoren hat, ist ziemlich enorm. Heute kennt kaum noch jemand diese puppenhafte Schauspielerin, die so *french* aussah und dabei eigentlich dänisch war. Frauen wie sie lösten den 50er-Jahre-Ehefrauentypus mit Happy End ab. Da war plötzlich eine neue Gleichgültigkeit, dieses *Bonjour Tristesse* der französischen Bobo-Generation. Eine Jugend, die Emotionen auslevelt, die Eifersucht nicht kennt, den Besitzanspruch an andere Menschen. Der Bohème-Lifestyle wurde *en vogue*. Und genau diese Attitüde zitiert Miss Chung. Der Pony! Die dunkel geschminkten Augen im Kontrast zu den blassen Lippen! Die gleichgültig angeordneten Arme! Die überkreuzten Beine! Sie imitiert wirklich die Kindfrau der Sixties, Anna Karina, trägt beinahe identische Schuhe, identische Rocklänge, dreiviertellange Ärmel, das Lollypop-Kleid.

» DAS IST DIE ANTIPOSE IN DER FASHION-WELT. SOLLEN DOCH DIE ANDEREN AUF DEM ROTEN TEPPICH VOM STAND- AUFS SPIELBEIN HÜPFEN, DIE BRUST RAUSSTRECKEN, DEN BAUCH EINZIEHEN! ALEXA GIBT SICH HOCHGESCHLOSSEN «

Die Art, wie Alexa ihren Körper accessoirisiert, ruft einen Zeitpunkt in der Vergangenheit wach, an dem etwas Fundamentales geschehen ist. Das, was sie zitiert, war eine neue Haltung. Das geht über die reine Fashion-Inszenierung hinaus. Das ist ein gesellschaftliches Statement, eine Reminiszenz an die sexuelle Revolution. Daraus wurde ein Fashion-Statement für Frauen, die wirklich Akzente gesetzt haben. Damit nimmt sie interessanterweise gerade die Antipose in der Fashion- und Celebrity-Welt ein. Sollen doch die anderen Girls auf dem roten Teppich ständig vom Stand- aufs Spielbein hüpfen, die Brust rausstrecken, den Bauch einziehen. Sie gibt sich lieber hochgeschlossen und verdeckt alles. Sie trägt den Rollkragenpulli mit den französischen Breton-Streifen, langärmelige Motto-Sweater zum Millefleur-Mini, Kindermäntel mit Grunge-Schals. Im Prinzip ist sie auch ein französisches Beatnik von der *Rive Gauche*, allerdings in einer minimalistischen Grunge-Version – Jean Seberg trifft Courtney Love. Denn die Kindfrau war im Gegensatz zur 50er-Jahre-Frau nicht mehr ausgestattet, sie war reduziert. Im Grunde hat Alexas Look nichts Zukunftsgewandtes, sondern er liegt 50 Jahre zurück.

» DAS GESICHT IST VOLLKOMMEN GRIMASSENFREI. MAN SIEHT SIE NIE LACHEN, NIE VERÄRGERT, NIE EINE SCHNUTE ZIEHEN. ALEXA IST: FRIENDLY «

Alexas Markenzeichen: *skinny legs, no tits*. Und was ist am Ende das Wichtigste? Cool sein. Nur sexy sein ist etwas, das angreifbar macht. Da fühlt man sich schnell angemacht. Modemäßig ist dieser stereotype Porno-Look, den die vielen It- und Tabloid-Magazine nonstop bewerben, ohnehin nicht innovativ. Das Halbnackte, das sagt einem nicht so wahnsinnig viel, außer, dass man sich entblößt. Aber der Chung-Look, der ist nicht angreifbar. Man sieht keinen BH, keinen Ausschnitt. Alles lenkt

aufs Gesicht. Nun sind die Frauentypen, die sich Alexa zum Vorbild nimmt, Mädchen auf dem Weg zur Highschool. Sie stellen ihre Sexualmerkmale nicht zur Schau, sondern verschieben das Erwachsenwerden auf später. Klar, sie betont ihr Gesicht, sie betont die Augen, aber sie inszeniert das Ganze mit Kränzen, mit viel Haar und dem netten, niemals naiven Blick. Das Gesicht ist vollkommen grimassenfrei. Man sieht sie nie lachen, nie verärgert, auch nie eine Schnute ziehen. Alexa ist: *friendly*. Ihre *attitude* ist superneutral. Der echte Star hat es nicht nötig zu schauspielern. Das Problem nur: Nett wirkt nach einer Weile auch nicht mehr okay. Denn irgendwann muss die echte Coolness kommen, also nicht dieses hilflose Entdeck-mich-mal. Das wirkt nur für einen bestimmten Moment. Viele Frauen versuchen, diese Phase zu verlängern, weil es natürlich einen jüngeren Männertypus anspricht, der einen noch mit in den Club nimmt. Wenn du später die Hermès-Tasche trägst, kommst du jedenfalls in keinen Laden mehr. Auch mit der Gucci-Brille wirst du nicht mehr mitgenommen. Das ist ein anderer Typ.

Aber Alexas Look ist nicht nur cool, er ist auch clever. Er funktioniert auch an Mädchen, die nicht perfekt oder reich sind, die meinetwegen zu dünn oder zu dick sind. Fett? Nein, nein, das ist Babyspeck. Man ist einfach noch lange nicht aus der Pubertät raus. Wenn ein Look endgültig ist, wenn man sich für den Rest seines Lebens festgelegt hat, wirkt das natürlich nicht mehr jung. Erwachsen sein? Im Ernst, wer will das schon. Da ist Alexa Chungs Schülerinnen-Look smarter. Er appelliert an die interessanten Männertypen, die auch nicht festgelegt sind, die auch alterslos und bohème sind. Dieses Girl ist keine Trophäe, die gehört nicht zu einer männlichen Ausstattung. Und noch in anderer Hinsicht ist ihr Look clever. Was Alexa mit ihrem Styling macht, ist nicht nur Show. Sonst hätte sie in diesem doch recht zarten Alter nicht dieses gebildete Statement von sich gegeben. Wenn man so jemanden wie Anna Karina zitiert, muss man erst mal wissen, wen man da zitiert. Das ist die optische Höchstleistung. Kann man nicht von jedem verlangen, die richtigen Vorbilder zu finden. Aber Alexa hat es genau hingewackelt: die Kindermäntelchen, der Schal, der fast so lang ist wie der Mantel, die unsicheren Schülerinnenbeine, die sagen: Mami, ich muss mal. Das ist schon mehr als gesteuert. Das ist ganz bewusst auf dem Punkt zwischen bescheiden, hilflos und mädchenhaft. Die Blümchen vom Kleid, die sich im Kranz wiederholen. Ausgedachter geht kaum.

» DIE INTELLIGENTEN FRAUEN HABEN VERSTANDEN, DASS ES AUSWEGLOS IST, GEGEN DEN EIGENEN TYPUS ANZUTRETEN, DASS ES BESSER IST, FREUNDSCHAFT MIT DER NATUR ZU SCHLIESSEN «

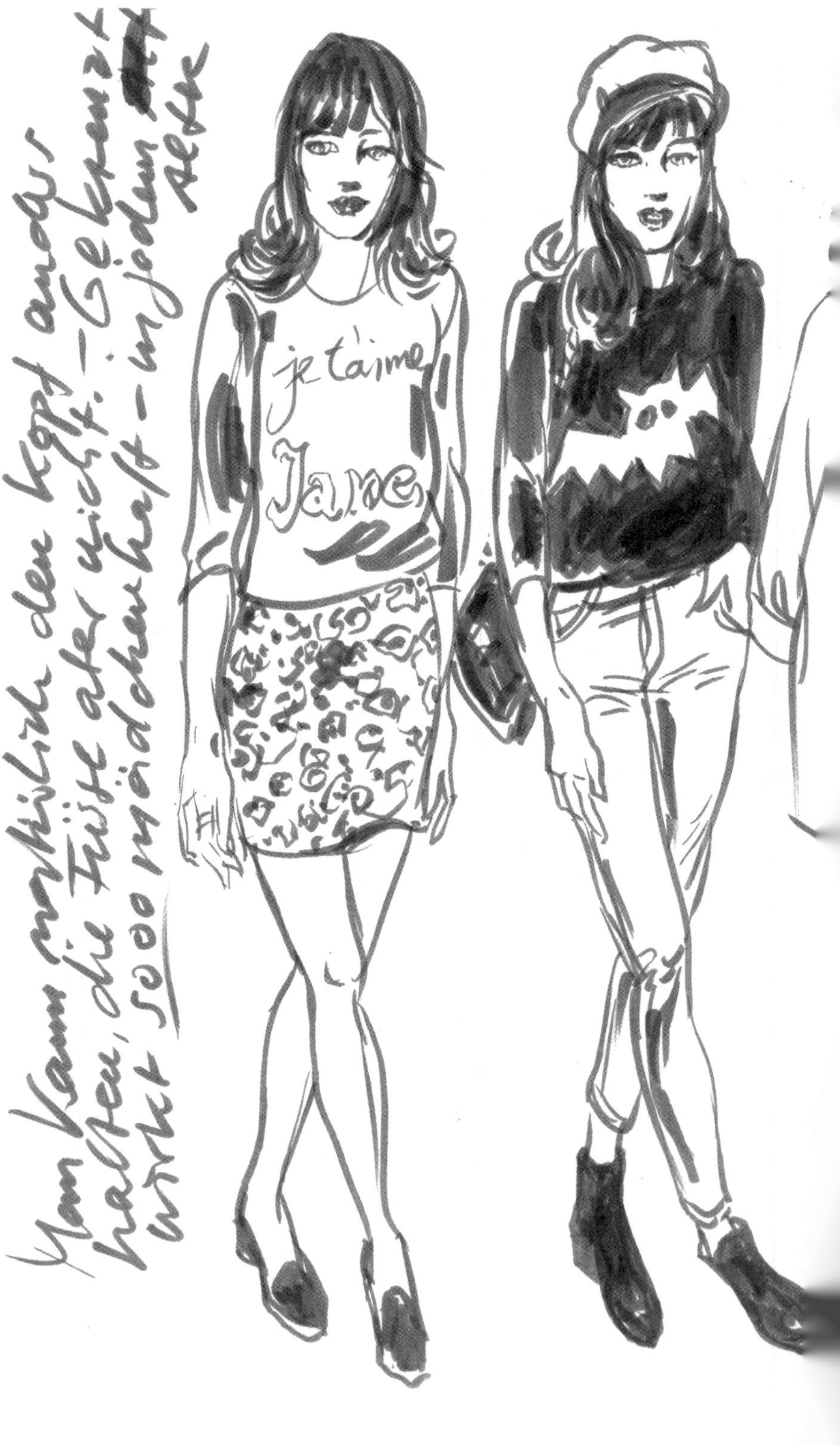

The
"PROTECT
ME BABY
LOOK

Es ist wirklich eine intellektuelle Leistung, den eigenen Typus zu erkennen. Auch eine Marilyn Monroe hätte es nicht geschafft, Audrey Hepburn zu werden. Also war sie schlau genug, Marilyn Monroe zu stilisieren. Indem man, wie sie, das Vorurteil benutzt und mit einbindet in das eigene Styling, macht man es sich natürlich leicht mit der Typfindung. Warum sonst stellen sich so viele sexy Frauen dümmer, als sie eigentlich sind? Man erwartet es einfach von ihnen. Es muss ja auch nicht gleich jeder wissen, dass man noch ein anderes Ich unter der Fassade wohnen hat. Die intelligenten Frauen haben verstanden, dass es irgendwann ein auswegloser Kampf ist, gegen den eigenen Typus anzutreten. Dass es besser ist, Freundschaft zu schließen mit der Natur, die dir einen bestimmten Typus beschert hat.

Eine Kate Moss ist bis heute noch cool (und daher auch Vorbild von Frau Chung), im Gegensatz zu einer Claudia Schiffer, die auch schön ist, aber nicht cool. Weil Kate nicht versucht, die *boobs* zu heben, sich verkneift, etwas in die Haare zu stecken, nicht versucht, diesen Sexpuppen-Effekt hinzukriegen und dafür lieber die »Schlampe« bleibt. Es ist sehr schwierig, das Zufällige, das Nicht-ganz-Gekonnte zu inszenieren. Aber wie das Beispiel Chung zeigt: Das Coole ist doch, dass du den *mistake* zulässt oder, besser, steuerst. Das ist genau die Frage: Ist das jetzt Kult oder schon Chaos? Genau in der Mitte ist es am interessantesten.

ALEXAS
DOS AND DON'TS

Zitiert den Kleine-Mädchen-Look mit 60er-Jahre-Appeal.
Damit wird Fashion zur Haltung.

Hochgeschlossen statt freigelegt. Das wirkt smarter.

Betont entweder das Gesicht oder das Dekolleté.
Nicht beides zugleich.

Lächelt nett, aber nicht zu sehr.

Macht euren Look nicht zum Gesetz.
Die Jugend hat Lust, es zu brechen.

Schließt Freundschaft mit eurem natürlichen Typ.

Inszeniert den Zufall und steuert Styling-Fehler.
That's cool.

WOLFYS FASHION-GLOSSAR: ALEXA

LOLLYPOP-KLEID – So hießen Saint Laurents erste Erfolgskleider im Stil der französischen Zimmermädchen.

BABY-DIOR – Für superreiche Babys und Kids gibt es eine Haute-Couture Abteilung im Maison an der Avenue Montaigne.

BONJOUR TRISTESSE – der Skandalroman aus den 50ern der damals 18-jährigen Françoise Sagan.

EN VOGUE – Bevor es in Mode ist, ist es in Vogue!

BRETON-STREIFEN – die blau-weiß geringelten Sailor-Pullis der bretonischen Fischer.

GRUNGE – der Stil, der mit Kurt Cobain geboren wurde – und mit ihm nicht starb.

PORNO-LOOK – ein Look wie ein Fast-Food-Produkt aus dem Regal im Sexshop.

BOHÈME – gibt sich wie die Leute, die im Roman »Bohème« (19. Jhd.) bechrieben werden.

3

LENA
DUNHAM

SMART GIRL

Lena Dunham sieht natürlich ein wenig aus wie Angela Merkel, wenn sie ein Popstar wäre, nicht wahr? Sie hat wirklich das NICHT schlank machende Kleid an, entblößt sich ziemlich lässig, schrumpelt die Ärmel hoch und sagt uns deutlich: Kinder, ich habe noch etwas in petto, da wartet noch was. Sie wirkt jedenfalls voll bewaffnet und ist das Gegenteil von *awkward*. Was sagt man denn dazu? Steigt sie einfach in ein Kleid, das ein bisschen couturig gemeint ist – und für eine junge, schicke Schlanke – und zeigt allen: Ich bin da reingekommen! Punkt. Und dann bemüht sie sich auch erst gar nicht, die Ultra-Frisur, das Ultra-Make-up zu tragen. Sie macht eben das, was man so macht. Mal einen roten Mund, mal ein wenig Mascara. *That's it*. Das Einzige, was sie konsequent durchhält – und das finde ich eine ganz gute Idee: Sie versucht erst gar nicht, diesen recht kleinen Kopf und die breite Hüfte, die sie doch hat, mit einer großen Frisur auszugleichen. Das finde ich ziemlich klug. Denn dadurch kriegt sie einen Touch Androgynität. Was überhaupt entscheidend ist bei ihr: Lena ist eher ein kleiner, dicker Junge als eine kleine, dicke Frau. Selbst wenn sie ein Kleid anhat, sieht sie aus wie ein Boy, der sich das Outfit von der Schwester angezogen hat. Ein sehr schlaues Konzept! Denn dadurch ist sie nicht das Opfer-Girl, die Dumme, die man triezt, oder die Doofe, die sich nicht wehren kann. Sie zeigt sich absolut smart. Keiner lacht über Angela Merkel.

Auf der Zeichnung nebenan sieht man deutlich, was ich meine. Der stramme Seitenscheitel, die ein klein bisschen verruchten Augen und eben auch der Verzicht auf weibliche Posen. Lenas Devise: Immer schön die Arme hängen lassen und die Beine nebeneinanderstellen. Das wirkt unaufgeregt und eben auch *boyish*. Aber der tatsächliche Clou bei ihr ist etwas anderes. Dass sie aus sich trotz Körperfülle und Kurzbeinigkeit keine Beth Ditto macht und plötzlich auf die Idee kommt, den Busen nach oben zu schnallen und sich in High Heels zu schmeißen. Oder anders gesagt: Sie macht sich nicht grotesk zurecht – was ja ein gerne genommenes Hilfsmittel ist, wenn man übergewichtig oder aus der Form-Norm gefallen ist. Viele denken dann: Wenn ich nicht die Schönste bin, bin ich eben die Lustigste. Dann verpassen sie sich freiwillig einen clownesken Touch. Aber nicht so Lena. Sie trägt ein Kleid, an dem nichts auszusetzen ist. Sie trägt aber eben auch nicht das ganz tiefe Dekolleté, schnürt sich nicht wie ein Paket auf schlank, macht sich nicht aus Trotz burlesk.

Manchmal "is+
das "nicht Artifizielle"
der Look, der am
meisten Art macht.
Was so nebensächlich
wirkt, ist mit
Bedacht und
Charakter zugleich
gewählt.

Sie sieht einfach smart aus, total Grunge; die Baseballjacke; das Blümchenkleid. Das ist ein fröhlicher Dicken-Grunge. Aber es könnte auch das Kleid von der Mutter sein in Größe 48, schnell abgeschnitten. Sie hat jedenfalls etwas *Quirkiges* und könnte wirklich Politikerin sein.

Das Bemerkenswerteste am Dunham-Look aber: Er ist null manipuliert. Selbst wenn Mrs. Smart-Girl ein unvorteilhaftes Kleid anzieht, trägt sie dazu stets flache Schuhe, versucht nicht Körperlänge hinzuzuschummeln mit ziegelsteinhohen Killer-Heels. Und das ist genau der Punkt. Sie vermeidet diese typische Ich-Will-Dir-Doch-Gefallen-Dickes-Mädchen-Rolle und versucht erst gar nicht, gegen alle Widerstände *the hottest girl in town* zu sein. Das wirkt natürlich unfassbar intelligent, aber auch sympathisch. Insofern ist sie für viele auch wie eine BFF, auch *best friend forever* genannt. Sie sieht aus wie jemand, der einen emotionalen, psychischen Prozess hinter sich hat (und seit sie uns in ihrer Biografie »Not That Kind of Girl« geflüstert hat, dass sie als Teenie mal in einer Nervenheilanstalt war, wissen wir, dass sie wirklich einen Knacks hat). Und es ist ja allgemein bekannt: So einer Person kann man sich immer besser anvertrauen.

friend's,
e überm
f kann
auch
boyfriend
i sli
s und
u "
ik))

ot
e's)
t

-Ru-ky
erzt
HOO!"

»IN REKORDZEIT HAT SIE ALS NEUROTISCHE UND UNTERZUCKERTE HANNAH HORVATH SARAH JESSICA PARKERS CARRIE BRADSHAW ALS STIL-IKONE ABGELÖST. BYE-BYE MANOLOS, HELLO BAD TASTE«

Lena ist Smart-Girl. Was ich wirklich bewundere. Denn: Es ist das Allerschlimmste, wenn die Körperfülle die gedankliche und physische Beweglichkeit einschränkt. Dann wird der Körper zum Gefängnis. Aber da muss Lena sich nicht drum kümmern. Sie hat sich rechtzeitig freigemacht. Sie weiß, dass sie nie eine Kate Moss sein wird und hat sich eine viel bessere Strategie überlegt, die ihr gut zu Gesicht steht. Sie ist und hat sich, schamlos wie sie nun mal ist, trotz ihres dicken Bier-Bäuchleins ausgezogen, um mit ihrer TV-Serie »Girls« die erfolgreichste Produzentin, Autorin und Schauspielerin der Generation der *Thirty Somethings* zu werden. Ganz nach dem Motto: »Wenn ich nicht die Schönste bin, bin ich eben die Versauteste«, hat sie 2012 als neurotische und stets unterzuckerte Hannah Horvath Sarah Jessica Parkers überkandidelte Carrie Bradshaw in Rekordzeit als Stil-Ikone abgelöst. Designer schmücken sich ab sofort NUR mit ihr als Accessoire beim Met-Ball. Also: Bye-bye Manolos, hello Big-Bad-Taste!

Mit »Girls« hat sich Lena Dunham vom hippen Brooklyn aus über Nacht in unser kulturelles Gedächtnis gebrannt. Weil sie sexuelle Probleme beim Namen nennt und praktisch NICHTS mehr offen lässt. In der Serien-Komödie ist Sex nie so vertüdelt und verzuckert wie in »Sex and the City«, sondern drastisch und sehr wahrheitsnah. Er kann so hässlich sein wie im echten Leben; dreckige Bettlaken, gelangweiltes Stöhnen, no Photoshop, heißt: verschwitzte Speckröllchen statt betonharter Sixpacks. »Vogue«-Chefin Anna Wintour höchstselbst liebt Lena dafür und berichtet in einem ihrer Editorials, wie sie einer Freundin die DVD schenkte und diese dachte, es sei ein Porno. Grund genug für Anna, Lena gleich als neues It-Girl in einem Designer-Pünktchen-Look mit der Zeile »Die neue Comedy-Queen« aufs Cover zu liften.

Während sich der Zeitgeist jetzt auf Lena Dunham stürzt, darf man nicht vergessen: Sarah Jessica Parker hat diesen komischen It-Look überhaupt erst erfunden, indem sie Dinge trug, die irgendwie gar nicht so richtig zu ihr passten. Was konsequent war. Schließlich war sie selbst auch ein wenig *out of proportion*.

»OB RED CARPET ODER SUPERMARKT – LENA IST ÜBERALL DIESELBE UND VERMITTELT DAS GEFÜHL: MIR GEHT'S GENAUSO WIE DIR«

»DAS WICHTIGSTE: WAS DIE EINE DICKE KANN, KANN DIE ANDERE NICHT. WER KEIN MODELSIZE HAT, MUSS LOOKS INDIVIDUELL ABSTIMMEN«

Der zu lange Kopf mit den überdrehten Löckchen, der sehnige Schwanenhals auf dem stöckchendürren Yoga-Body. Obwohl Parker vom Typ her sehr herb ist, hat sie immer versucht, niedlich und ein bisschen couturig (und damit auch unpraktisch) auszusehen. Während ihre nymphomanischen, romantischen und verstockten Kolleginnen sehr simpel angezogen waren, war sie immer sehr preziös gekleidet. Lena ist die Antwort 2.0. Das ist auch City, aber mit einer selbstständigen, unabhängigen, berufstätigen Frau, die vor allen Dingen eins zulässt: ihre eigenen Probleme, stellvertretend für unsere. Man hat das Gefühl, die ganzen Partys, bei denen sie auf den Internetbildchen zu sehen ist, bei HBO-Festivals oder eben dem Met-Ball, das ist nicht viel anders für sie als die Situation auf der Straße. Ob *red carpet* oder Supermarkt: Sie ist überall dieselbe und vermittelt das Gefühl, mir geht's genauso wie dir. Ich ziehe auch die Schuhe aus, wenn sie ins Fleisch schneiden, Schluss mit dem Posing. Wie cool!

Wie Lena beweist: Du musst kein *modelsize* haben, um gut rüberzukommen. Das heißt allerdings nicht: Was sie kann, kann jede. Denn dick ist ja nie gleich dick. Bei Models gehen wir von einer dünnen Norm aus. Aber wenn man anfängt, aus der Form zu geraten, ist jede Form anders. Deswegen sind dicke Frauen auch nicht leicht zu beraten. Jede ist anders dick. Es ist sehr schwer, allgemeingültige Dos & Don'ts zu finden, weil es eine ganz stark individuelle Entscheidung ist, welcher Look funktioniert und welcher nicht. Was die eine kann, kann die andere eben nicht. Die Taille sitzt woanders, das Fett macht, was es will, und entzieht sich unserer Kontrolle. Es will sich einfach nicht gleichmäßig verteilen! Das heißt: Bei der einen ist Kaschieren richtig, bei der Nächsten ist vielleicht eine Korsage angebracht, um die großen, schweren Brüste hochzustemmen. Manchmal braucht man *support*, manchmal nicht. Manch eine kann sich ein großes Jeanshemd leisten, die andere lässt besser die Finger davon. Die eine wirkt auf Plateau-Schuhen so toll wie eine Divine im John-Waters-Streifen »Female Trouble«. Die andere macht sich besser grotesk zurecht, sonst wirkt sie einfach hilflos in ihrem Bemühen, kosmetisch auszusehen. Am Ende ist Stil bei dicken Frauen eine Frage der Selbstsicherheit, der Allure, des Humors, des Teints, der Selbstironie – eben alles, mit dem unser Smart-Girl so scheinbar mühelos eine Antwort gefunden hat.

Ist es Pech oder
ein Glück (?):
Viele sind gleich dünn
Doch niemand gleich dick!

"Can I help you"
BABY?

"Das kleine Schwarze"
gibt's für GROSSE GIRLS
auch etwas größer!
("gross" oder "klein"
ist keine Frage von
Zentimetern!)

LENAS
DOS AND DON'TS

Bedient euch am Kleiderschrank vom Boyfriend – und bringt ihn auf jede Party als Accessoire mit. Punkt.

Kleine Köpfe und breite Hüften bitte nicht mit großen Frisuren ausgleichen. Man ist keine freche Drag-Queen.

Vermeidet beim Styling alles, das auf -esk endet: clownesk, burlesk, grotesk, karnevalesk, etc.

Verzichtet auf ziegelsteinhohe Killer-Heels und tragt flache Schuhe zum Abendkleid. Man hält länger durch.

Zieht die Sandaletten aus, bevor sie ins Fleisch schneiden. Schluss mit Posing!

Keine Figurkorrektur mithilfe von Korsagen. Man ist doch kein Formfleisch.

Dick ist nicht gleich dick. Finde selber heraus, welcher Typ dick du bist.

KURZ und ROT
macht nicht
schlank, aber
glücklich!

...ion-Statement

...r look meint:
...r können alles
...ben hören, nur
...einen look nicht."

WOLFYS FASHION-GLOSSAR: LENA

AWKWARD – »If you're a stranger than you are strange«, The Doors.

BURLESK – eine Art Stripkunst, bevor Striptease und Peepshow erfunden wurden.

QUIRKIG – kind of ugly.

BFF – Best Friend Forever. BFFI: Beste Freundin Für Immer.

THIRTY SOMETHING – Zeit des endgültigen Erwachens.

NEXT DOOR – Look von nebenan, der uns irgendwie bekannt vorkommt.

POSING – starre Haltung vor der Linse des Fotografen.

DAS KLEINE SCHWARZE – braucht viel Liebe (alles ist möglich).

MET BALL – Benefiz Kostüm Ball des *Metropolitan Museum of Art's*, New York

4

VIRGINIE & CLAIRE COURTIN-CLARINS

Der Look: "Cool Pri...

feines Haar bleibt fein
2 x NATURAL WONDER

BOHÈME-GIRLS

Scheinbar aus dem Nichts sind die elfengleichen Beauty-Schwestern Virginie und Claire Courtin-Clarins vor drei, vier Jahren aufgetaucht – und sofort auf allen Best-Dressed-Listen, von »Vogue« bis »Vanity Fair«, gelandet. Die *instant* Fashion-Darlings sah man in Manhattan urplötzlich bei allen Modenschauen *Front-Row* sitzen. Daraufhin titelte die »New York Times«: »Wer sind diese Mädchen?«. Die gefürchtete und gleichermaßen verehrte »Vogue«-Chefin Anna Wintour forderte: »Ich möchte sie treffen.« Und das »New York Magazine« schrieb kurz und knapp: »*It* mal vier.« Denn gelegentlich brachten die beiden auch noch ihre ebenso überirdisch schönen Cousinen Prisca und Jenna mit – wie sie Erbinnen von Jacques Courtin, dem Gründer des französischen Multibillion-Dollar-Beauty-Imperiums »Clarins«. Viel mehr weiß man eigentlich bis heute nicht über sie. Claire, die jüngere von ihnen, hat Kunst studiert, Virginie ist

Marketingchefin beim Pariser Modelabel Thierry Mugler, das – Überraschung – auch zum Konzern von Großpapa Jacques gehört. Das Entscheidende für ihren Erfolg ist wohl genau das: Sie wirken *cool privée*. Auf geheimnisvoll zu machen ist natürlich absolut *society*. Das macht Monaco immer ein wenig fragwürdig, diese Indiskretion. Virginie und Claire sind überhaupt keine Yellow-Press-Girls. Von ihnen gibt es keine Paparazzi-Strandbilder. Nein, nein, und man verschickt auch keine Bikini-Fotos von sich an die Leute. Ich empfand es schon immer als Beleidigung, wenn man mir aus dem Urlaub eine Karte schickte und ich saß zu Hause. Das macht man nicht. Die Palme und den Drink behält man bitte für sich. Aber zurück zu unseren Schwestern, die smart genug waren, in New York den Planeten Fashion zu erobern. Schließlich geht man dort ja gerne *French-Style* essen. Und überhaupt: *French* ist natürlich viel einfacher zu konsumieren als *English*, nicht wahr? Immerhin mussten sich die Amerikaner im Bürgerkrieg erst mal von den Engländern befreien, von den Franzosen nicht. Sie dürfen bis heute in New Orleans im *French Quarter* sitzen. Außerdem liebt man in den Staaten den Adel, weil man selbst keinen hat. Und weil es auch Royals durch *Money & Beauty* gibt, wurden die beiden Schwestern auserkoren, Manhattans »Fashion Royalty« zu werden. Aber nicht nur deshalb. Der echte Grund: Sie treten einfach überall als Doppel auf (manchmal eben auch als Quartett mit ihren Cousinen). Ein super Trick. Denn wir wissen ja: Doppelt dünn und doppelt dick, alles, was zu zweit kommt, ist ein Glück. Man *puzzled* sich den It-Look einfach zur Fashion-Fata-Morgana

Doppelt dünn, doppelt dick
alles, was 2x kommt, ist ein
Glück! (manchmal)
xxx
in that
case yes!!

Den verwirrenden Twin-Look
kann man auch mit der
besten (Fein-)Freun-din
inszenieren. Der Effekt haut
Männer um! BUM!

zusammen. Wenn zwei Best-Dressed-Girls auftauchen, verdoppeln sich ihre Dresscodes aus der Entfernung zu einem einzigen ultimativen Dresscode und erzielen den Ich-gucke-wohl-nicht-ganz-richtig-Effekt. Das muss doch eine Erscheinung sein?! Eine schöne Frau, oder meinetwegen auch ein schöner Mann, das ist schon *hard to handle*. Aber gleich zu zweit? Da hat man wirklich beide Augen voll zu tun. Ganz besonders mit den Courtin-Schwestern, weil sie sich so profimäßig als *couple* inszenieren. Sie tragen immer das Ähnliche, aber nie das Gleiche. Schließlich wollen sie ja nicht die Jacob Sisters oder Kessler-Zwillinge sein. Sie machen zwar bewusst den Sister-Look, aber eben nicht den Twin-Look. Das wäre dann zu sehr »Revue«. Ihr Konzept: sich gerne mal im Kontrast zu kleiden, die eine Schwarz, die andere Weiß, so wie Schneeweißchen und Rosenrot. Man hat im Märchen schon gewusst, wie man ein Märchen macht. Und im Frankreich der 60er-Jahre auch. Da gab es das Phänomen in einer nicht imitierbaren, wirklichen Perfektion, verkörpert von den *sœurs légendaires* des Autorenfilms: Françoise Dorléac und Catherine Deneuve. Nur ein Mal, nämlich im Musical »Die Mädchen von Rochefort«, traten die beiden tatsächlich gemeinsam auf. Sonst achteten die Schwestern penibelst darauf, nicht verwechselt zu werden. Die Deneuve nahm dafür immerhin den Geburtsnamen der Mutter an. Optisch kam es allerdings nie zu Verwirrungen. Die eine war blond, die andere brünett. Sie waren *totally fashionable*. Jede Frau wollte in den *Sixties* aussehen wie diese beiden singenden und tanzenden Aktricen. Heute sind die Courtin-Clarins-Sisters die blonde französische Legende.

»IHR LOOK IST EIN BISSCHEN HILFLOS, ICH-KANN-NICHTS-DAFÜR, SCHULMÄDCHEN. DADURCH BEKOMMT DAS GANZE EINEN MASSIVEN CHARMEFAKTOR«

Natürlich steht den beiden Beauty-Erbinnen alles. Weil sie superdünn sind. Die Fashion verlangt dieses Nichts an Körper. Sie ist eben etwas nicht ganz Reales. Vielleicht hat das die »Huffington Post« veranlasst, über die *sisters* zu schreiben: »Sie sind groß, statuesk, französisch und perfekt angezogen.« Stimmt alles, außer: Perfekt angezogen sind sie nicht, sondern stylish. Perfekt als System ist immer irgendwie inhuman. Etwas, das nicht so gut gelungen ist wird aussortiert. Weil es von einem Standard spricht, den ich nicht kenne. In der Natur gibt es keine Perfektion – außer vielleicht beim Sonnenuntergang, und der dauert nur ein paar Minuten. Das ist bei den Schwestern nicht so. Ihr Look ist gekonnt hilflos, Ich-Kann-Nichts-Dafür, Schulmädchen. Dadurch bekommt die Inszenierung einen massiven Charmefaktor. Und Charme hat mit Perfektion nun wirklich nichts zu tun. Oft sind sie beide sogar *strange* angezogen. Das sieht beinahe nach Secondhand aus, was sie da anhaben. Der Rock in der komischen Oma-Länge, dazu das Puffärmel-Jäckchen oder die kleine Jacke mit den großen Pelztroddeln, diese Babybettjacke. Sie spielen beim Styling ganz klar mit einem naiven Child-Look. Das ist also alles andere als perfekt. Das ist

Zuweilen und zuweit macht
ein Auftritt Spa...
der Avant- o...
Aprés the fa...
moment l...
RANDO...
fa...
trés c...
Motto

Gib dem
"Zufall"-
Chance
(wenn D...
Steuer...

Darf ich? : fragen?" ;
Seit wann gehn mode
lieber in fur (Pel...
statt ohne(?) - (N...

keine Fashion, die sie tragen. Der Look ist irgendwie davor oder danach, recht zufällig. Und *random* Fashion ist gerade natürlich *très chic*. Alles, was nach Unbekümmertheit aussieht, ist *l'image du jour*. Dieses Naiv-Den-Mund-Halb-Offen-Lassen, dieses In-Die-Leere-Glotzen, das ist hochmodisch.

» VIRGINIE UND CLAIRE MACHEN EINEN NICHT EIFERSÜCHTIG. WEIL SIE SICH NATÜRLICH EINEN GEWISSEN BOHÈME-TOUCH VERPASSEN – UND DIE ECHTE BOHÈME BENEIDET MAN NICHT, WEIL SIE IN IHRER FREIHEIT LEIDET «

Virginie und Claire sind natürlich echte *role models*. Sie haben Schick, sie haben Noblesse und sie entziehen sich jedem Ansatz von Vulgarität. Man wäre wirklich gerne eine von ihnen oder wäre gerne Mitglied in ihrem Club. Für gewöhnlich möchte ich eigentlich mit all diesen sogenannten *Celebs* nichts zu tun haben. Aber diese beiden Mädchen erwecken bei mir keine Negativgefühle. Sie machen mich – und viele andere auch – überhaupt nicht eifersüchtig. Weil sie dieses Distanzierte, Zurückhaltende haben. Dieses übliche Euch-Kann-Ich-Nicht-Leiden-Weil-Ihr-So-Aufgeputzt-So-Reich-So-Schön-Seid, das kommt bei ihnen komischerweise nicht auf. Das liegt daran, dass sie sich einen gewissen Bohème-Touch verpassen. Die echte Bohème beneidet man natürlich nicht, weil sie in ihrer Freiheit auch leidet. Denn die Wortschöpfung »Bohème« wurde im 19. Jahrhundert zur allgemeinen Beschreibung für eine Gruppe, die nach eigenen Gesetzen lebte – erst später bezeichnet sie die nicht-bürgerliche Künstlerszene.

Claire und Virginie betreiben ihr Styling mit legerer Hand und inszenieren eine Art braver *Young Fashion*. Bei aller *uptown* Noblesse sehen sie doch recht *downtown* aus. Der Laie könnte denken: Was haben die denn da an? Das müssen sie sich schnell gegriffen haben. Dass das hochgradig durchdacht ist, vertuschen sie ganz gut. Denn sie sehen wahnsinnig jung aus. Für diese brave Bluse mit den großen schwarzen Knöpfen, das Plastikröckchen, dafür bräuchte man eigentlich kein großes Budget. Das gibt es auch in der High-Street-Fashion. Die kleinen Stiefelchen gibt es im Sonderangebot, die kleinen Hängerkleider und Umhängetaschen findet man überall, mit etwas Glück auf den Flohmärkten der Welt. Diese Leistung traut man echten Upperclass-Girls gar nicht zu. Aber, doch, doch, das ist das Ergebnis von Stylisten-Kunst. Das ist ziemlich artifiziell, ziemlich gekonnt und doch sehr *french*. Man sieht stets so aus, als ob man gar nicht weiß, warum man heute so gekleidet ist. Die Pariserin reagiert auf ein Kompliment oft folgendermaßen: »Ach, das habe ich gerade so übergeworfen. Bin gerade zu Mami an den Kleiderschrank.« Der Look ist eben nicht nur *»It«*, sondern auch *bourgeois-bohème*, »Bobo« in der Fachsprache. Damit bewaffnet man sich wirklich gut. So ziehe ich mich natürlich auch an. Am

"Natural Blond and no tweezing eyebrows"

"leichte" "easy"-Variation im HAIR-STYLE

manchmal kann man auch mit Glanz im Gesicht glänzen! (und so fresh!)

Futurismus in kleinen DOSEN - cool! WAS SONST?

SCHNEEWEISSCHEN UND ROSENROT — (klappt immer zu zweit!)

SE—"—SIE W-"ISSEN'ES SCHON? ("GUTE"-BONBON "IN kleinen DOSEN... (TRÈS CHIC!)

liebsten sehe ich so aus, als hätte ich gerade schlecht geschlafen. Wirklich. Ich bin viel zu raffiniert, mir einen modischen Anzug anzuziehen. Wie käme ich bloß dazu!

Obwohl die Courtin-Schwestern mit der Verführung der Kosmetikbilder aufgewachsen sind, erliegen sie ihr nicht. Für *duckfaces* und *fake hair* sind sie viel zu schlau. Man sieht sofort, dass ihr Haar, das kein Friseur wagt anzufassen, *nature* ist. Vom vielen Bürsten und Kämmen dünnt es nämlich an den Spitzen aus, während es bei den ganzen Wetterfeen in Amerika oben immer weniger und unten immer mehr wird, wie bei einem Tannenbaum, weil die *indian extensions* wie Zweige unter das Eigenhaar gesteckt werden und die riesigen Kugeln kommen in die Bluse.

» EGAL, OB MIDI ODER MAXI: IT'S ALL ABOUT THE LEGS. BEINE SIND DAS DEKOLLETÉ VON HEUTE «

Ein weiterer Beweis: Trotz ihrer Modelgröße von 1,85 cm tragen sie High Heels und versuchen erst gar nicht, sich wie große Frauen üblicherweise kleiner zu machen, um Männern nicht auf die Scheitel zu schauen. Sie wissen natürlich ganz genau, egal, ob Midi oder Maxi: *It's all about the legs.* Die Beine sind das Dekolleté von heute. Wie man ja auch auf der Straße sieht:

Ob Winter oder Sommer, man trägt nackte Beine. Am besten beschwert man sich dann noch, wie Virginie es regelmäßig in Interviews tut, dass man ja wirklich Probleme hat, Blusen zu finden. Weil man zu lange Arme hat und deswegen nur Männerhemden tragen kann. Das ist wohl eher eine Behauptung, um auf die unendlichen Arme aufmerksam zu machen. Nach dem Motto: »Hach, ich wollte ja immer lange Röcke tragen. Aber bei mir sind auch die langen Röcke mini, ich habe einfach so furchtbar lange Beine.« Oder es ist eine diskrete Aufforderung an den Liebhaber, die nackte Stelle von Cartier oder Tiffany bedecken zu lassen (*on his expense*).

VIRGINIES & CLAIRES DOS AND DON'TS

Macht auf *privé!* Das ist *society* und macht neugierig.
Niemals anbiedern, oder sich ungefragt vorstellen!

Tretet im Doppel auf und ihr bekommt noch mehr
Aufmerksamkeit.

Macht auf kleines Schulmädchen. Dann findet man
immer einen Lehrer.

Kleidet euch im Bohème-Look. Perfektion wirkt
unsympathisch.

Macht es wie die Pariserinnen und tut so, als ob euch
der Zufall gekleidet hat.

Zeigt eure Beine! Sie sind das neue Dekolleté.

Beschwert euch ganz nebenbei, dass die gängige
Konfektionsmode keine passenden Größen für euch hat.

WOLFYS
FASHION-GLOSSAR:
VIRGINIE & CLAIRE

SOCIETY – die Gesellschaft, zu der niemand gehört.

HARD TO HANDLE – schwer verdaulich.

SŒURS LÉGENDAIRES – Schwestern, die man nie vergisst.

STRANGE – besonders anders.

CHILD-LOOK – endlos vorpubertäres Aussehen.

RANDOM FASHION – vom Zufall gesteuerter Stil.

L'IMAGE DU JOUR – very »now«.

DOWNTOWN – NYC-SoHo.

HIGH-STREET-FASHION – Topshop, Zara, Mango, Uniqlo, COS.

DUCKFACE – Foto-Schnute.

5
IRIS
APFEL

Style is no question of age, it's a question *of style*

TRAGE ACCESSOIRES
ALS BÜRDE –
NICHT DIE JAHRE,
Die vergangen sind!

Aus Au
wir
"SCHLEC
GESCHM
BLEIBE
viele
diess
ihrer
MÖG

DAS
LEBE
EIN
PIEC
Ot
AR
× ×

Godmother
of
Excentricity

JRIS
unt
des lupe
VOR
der JRIS

ANTI-AGING-LADY

Der Look von Iris Apfel ist natürlich absolut Manhattan. Die übertrieben großen Ethno-Accessoires, die lupenhafte Nerd-Brille, der farblich abgestimmte Gehstock – nirgendwo sonst könnte die Stilikone *Fashion-Rules* kompromissloser ignorieren als in ihrer Heimatstadt New York. Nur die Großstadt erlaubt *Allure*. Hier versammelt sich die Exzentrik, die in der Provinz nicht geduldet wird. Und während deutsche Senioren selbst in Großstädten zu beiger Funktionskleidung und einfach praktischen Dingen greifen, lautet die Devise der Upper-Eastside-Lady: Raus aus der Grauzone! Nach dem Motto »*More is more, less is a bore*« behängt sich Iris Apfel tonnenweise mit Schmuck wie eine indische Tempelpriesterin, trägt Türkis zu Rot und übermalt den Mund breit mit Signalfarben. Gerade weil das Alter so gerne übersehen wird (oder sich selbst unsichtbar macht), setzt sie ihren Look als Waffe ein. Iris Apfel will, dass man sich an sie erinnert, dass sie nicht vergessen wird. Lieber ist sie exzentrisch als gefällig. Die Modewelt liebt sie dafür. Selbst mit 93 Jahren posiert sie als Cover-Model für das britische Fashion-Magazin »Dazed & Confused«, entwirft Make-up-Kollektionen und Korrektionsbrillen.

Dass sich Iris Apfel zur einer Fashion-Karikatur zurechtschmückt, hat natürlich noch einen anderen Grund: Lieber ächzen ältere Damen unter der Bürde der Accessoires, als zuzugeben, dass sie unter dem Alter ächzen. Was nicht bedeutet, dass sie das Alter verstecken. Mag sein, dass sich Iris Apfel verkleidet. Aber das Alter schummelt sie nicht weg. Sie ist nicht geliftet, vermeidet Kompaktpuder, das Haar hält sie stahlgrau. Echte Stars begeben sich eben nicht unter den Zwang der anderen. Iris Apfel schickt sich nicht an, ein Lookalike anderer, glatt gebügelter Damen ihres Alters zu werden. Sie will immer ganz sie selbst sein. Dazu gehört der Erwerb von Falten, dazu gehört die eigene Haarfarbe. Es kann auch eine ganz knallige Haarfarbe sein oder das Haar kann schwarz gelackt sein wie bei Diana Vreeland. Entscheidend ist: Frauen wie Iris Apfel entziehen sich den gängigen ästhetischen Vorschriften und Idealen. Sie sehen nicht so aus, als ob sie ein Publikum unterhalten, sondern sich selbst. Dafür muss man natürlich die gängigen Dresscodes der Fashion ganz genau kennen, die Verabredung der Gesellschaft mit dem Zeitgeschmack. Aber Iris Apfels Blick ist trainiert. Als junge Frau schrieb sie für die renommierte Fashion-Zeitung »Women's Wear Daily«. Später führte sie gemeinsam mit ihrem Mann ein Textilunternehmen. Iris Apfel ist Vollprofi.

Nie Päpstlicher als der Papst
(Die NEUE ÄSTHETIK:
Die Kunst Aussenseiter zu sein)

DAZED
"ufused"

(COVER-
NODEL-IRIS
APFEL IN
"comme des
Garçones")

BEWUSSTSEIN
- SICH
- SELBST
IST SEIN

Statt sich mit der Angst des Alterns zu beschäftigen, beschäftigt sich eine Iris Apfel lieber mit ihrem Look. Mal sieht sie aus wie eine Kabuki-Kriegerin im kirschroten Cape und mit geknotetem Tuch auf dem Kopf, mal wie eine japanische Origami-Figur in einem Comme-des-Garçons-Komplett-Look. Ihr Code: Ich ändere dauernd meinen Look, bin aber immer dieselbe. Sicher unfreiwillig verzichtet sie stets auf High Heels. Obwohl wir ja alle wissen: Wenn man zum LBD, auch *little black dress* genannt, auf einmal Loafers anziehen muss, zeigt sich erbarmungslos das Alter. Bequeme Schuhe? Frauen, die in der Öffentlichkeit stehen, versuchen möglichst noch bis ins hohe Alter hohe Absätze zu tragen – so wirken sie größer und jünger. Ganz anders bei Iris. Bei ihr sieht man deutlich, dass Ohren, Nase und Mund unaufhörlich weiterwachsen, die Augen währenddessen auf Stecknadelkopfgröße schrumpfen und die Gestalt langsam unter der Dekoration verschwindet. Perlen, Brille, Frisur: Alles steht bei ihr in einer seltsamen Disproportion. Genau das macht ihren Look so unverwechselbar mutig.

The Total-Look of JRIS:
(WHERE YOUR MIND GOES,
THE BEHIND FOLLOWS)

ROT

RED Mongolia

ROT:
DAS SIGNAL
für LIEBE
Rot:
DAS SIGNAL
für den
Stier zum
Angriff!

JRIS'
HUSBAND
(behind a
strong woman
there is a
stronger man!)

Dem LEBEN Zeigen:
- ich bin noch da!!!
JRIS - THE
MANHATTAN -
FLOWER

» JE MEHR FARBE DIE WANGEN VERLÄSST, UMSO MEHR DAVON KANN MAN AM KÖRPER TRAGEN «

Großstadtblässe ist typisch für die New Yorkerin. Und auch Iris Apfel sieht aus, als hätte sie ihr Apartment schon länger nicht verlassen. Hinter sieben Schlössern verschanzt, laden die typischen Westside-Park-Wohnungen dazu ein, eines Tages gar nicht mehr zu erscheinen. Verbarrikadiert in der Anonymität, findet man Trost. Man kann individuell sein und mit der Erinnerung an das Selbst verschwinden, die Identität auflösen. Nie, nie, niemals würde sie versuchen, ihren hart erarbeiteten vornehmen New-York-Teint mit einem *heavy* Make-up zu manipulieren. Sie weiß, dass die Fassade aufbricht, wenn die Mimik lebt. Iris' Trick: Je mehr Farbe die Wangen verlässt, umso mehr kann man davon am Körper tragen. Dabei beweist sie: Um grelle Farben tragen zu können, braucht man eine ganz helle Haut. Oder eine ganz dunkle. Denn Rothaarige zum Beispiel können mit ihrem Porzellanteint alle Farben tragen. Schwierig wird es bei Aschblond.

Iris Apfel sieht in ihren Maskeraden aus wie eine kultische Inszenierung. Wie eine Stammesprinzessin, die versucht, die Geister der eigenen Vergangenheit und des Alters zu beschwö-

IRIS - OUTDOORS
"THERE IS NO BAD WEATHER — ONLY WRONG FASHION !!
we are the last beings in the fashion-CHAIN !!)
SORRY!
SORRY

ren. Das ist keineswegs Fashion, was sie da trägt. Das ist eine Fassade, hinter der sie verschwinden kann. Ihr Look ist sehr assortiert und vorbereitet. Und so wie Häuptlinge ihre Frauen schmücken, schmückt sich Iris Apfel aus einem ganz bestimmten Grund: Sie zeigt ihren Status an. Denn ganz gleich, ob man sich wie eine kultische Tempelpriesterin stylt oder in einem Stamm die Herrscherin ist: Am Ende setzt man immer die Krone auf. Ihr Styling hat etwas mit Hierarchie zu tun. Iris Apfel zeigt uns, dass sie eine Doyenne ist. Dass sie in ihrem Bereich, in ihrem Leben herrscht. Sie ist nicht die Sklavin oder das Dienstmädchen. Sie ist die Königin. Und in dieser Position ist es ihr vollkommen egal, wenn sie von niedriger gestellten Leuten für *gaga* erklärt wird.

» DAS GEFÜHL ATTRAKTIV ZU SEIN, KANN MAN SICH IN SELBSTHYPNOSE EINREDEN. HILFT DAS NICHT, HELFEN HAUTE-COUTURE UND STIL-BEWUSSTSEIN «

Best Ager, Master Consumer oder Generation Gold: Es gibt viele schmeichelhafte Wortschöpfungen der Marketingindustrie, um die zahlungskräftige Altersgruppe von Iris Apfel zu beschreiben. Doch in keine will sie so richtig passen. Iris hat so lange mit verschiedenen Stylings experimentiert, bis sie den Look gefunden hat, von dem sie dachte, dass er unverwechselbar ist.

Das ist siebzig Jahre her. Weil sie nie gängig schön war, musste sie sich ihren Stil schon früh zurechtlegen. Sie hatte keine Wahl. Wenn man sich als unzulänglich empfindet, hat man nur zwei Möglichkeiten: Man kann sich das Gefühl, attraktiv zu sein, in Selbsthypnose einreden. Hilft das nicht, helfen Haute-Couture und Stil-Bewusstsein. Das beweist Iris Apfel. Sie hat dem Zwang zum Allgemeingeschmack den Krieg erklärt. Wenn das Spiegelbild erklärt: »Du bist nicht die Schönste im Land«, dann lernt man eben, das Land zu unterhalten.

IRIS'
DOS AND DON'TS

Farben, Farben, Farben und eine Schmuck-
sammlung im Format eines Völkerkundemuseums statt
Rentnerbeige und Funktionsmode.
Frei nach Donatella-Bling-Bling-Versace:
»Less is not more. Less is less.«

Um nicht wie ein Zirkusclown auszusehen: Make-up
nicht allzu dick auftragen.

Loafers oder Schlappen zum Abendkleid? Alternativ
kann man zu Hause bleiben, oder die Zehennägel mit
Blattgold bekleben.

Bei blassen Teints: Starke Farben tragen.

Lieber unter Accessoires als unter dem Alter ächzen!

Legt euch rechtzeitig einen langlebigen eigenen Look
zurecht, statt euch auf flüchtige Schönheit
zu verlassen.

WOLFYS FASHION-GLOSSAR: IRIS

NERD-BRILLE – eigentlich Buchhalterbrille. In Iris' Fall mehr Doppel-Lupe für Fashion-Detektive.

ALLURE – Fashion-Aura.

LOOKALIKE – Nach dem Zwilling schauen, der nicht da ist.

KABUKI – traditionelle japanische Theaterinszenierung.

LBD – little black dress. Merke: Mit dem »kleinen Schwarzen« ist kein Mann gemeint.

LOAFER – schnür- und schnörkellose Schlappe.

DOYENNE – Herrscherin über Mode-Epochen; illustriert die weltweit gültigen Fashion-Gesetze.

LESS – weniger.

MORE – mehr.

BORE – die Langeweile.

6

LAUREN
SANTO DOMINGO

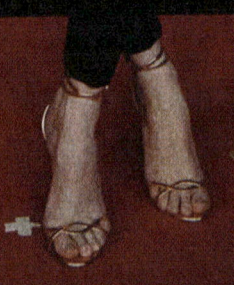

Wie
kommt es
nur, dass
if-girls
jenes super
natural
Blond haben
— almost all —
no matter
if they come
from Italy,
Mexico,
Columbia
or Connecticut

" You don't
have to
"Schwedisch"
to be boren
blond!

Let's talk real
Wer „da oben"
angekommen
(entweder
Herkunft,
oder "man"
kann sich
jenen "/
leisten, a
"e Hort le
un bek
un bew
"ver
vem

Es gibt einen
der an Leute
immer teuer
während a
— fast gleiche
an billig in
Girls auch
billig my
eraus ter
Einzelstri
zusammer
Tt. BA

HIGH-SOCIETY-GIRL

Auf den ersten Blick denkt man bei Lauren Santo Domingo: OMG (*Oh my God*)! – mal wieder so ein doppeltes *It*, in diesem Fall mit all den äußerlichen Kennzeichen des Jetset und der High Society: lange, nackte Beine, kleine Bootys, offenes Haar. Das ist doch ein recht banaler Dresscode für ein waschechtes *Socialite*, wie Lauren, Darling der New Yorker Fashion-Welt, gern gesehener Gast bei Cocktail-Events und so etwas wie Manhattans heimlicher Adel. Noch bevor sie als WASP-Girl aus Connecticut den kolumbianischen, milliardenschweren (und praktischerweise auch *handsome*) Bier-Erben Andres Santo Domingo heiratete, war sie selbst immerhin millionenschwer. Als Wasserfürstin – Daddy war Chef des US-Mineralwasserkonzerns Poland Springs – lernte sie die Codes der Society im schicken Upstate-New-York-Anwesen der Familie kennen. Seither bewegt sie sich wie eine echte First Lady, selbst in weißen

Hotpants mit Lochstickerei, Bell-Bottom-Hosen, leicht aufge-knöpften Blusen, kurzen, taillierten Jäckchen und Stiefelchen. Dazu passend: Nude-Looks, wohin man bei ihr schaut – vom körpernahen Strickkleidchen bis zum doppelreihigen Blazer.

Wenn man allerdings genauer nachsieht, entdeckt man eine bestimmte Event-Garderobe, bei der man auf einmal denkt: Wow, nun hat sie ihren üblichen Stil aber verlassen und verklei-det sich ein bisschen. Aufgebauscht wie ein Sahnebaiser aus dem Kleiderfundus von »Denver Clan«, steckt der ganze Entwurf im Ärmel. Der Body des Kleids wie ein Haifisch ohne Kopf. Aber es gehört eben auch zum High-Society-Spiel, sich im rechten Moment die Oscar-de-la-Renta-Robe oder das Dior-Dress über-zustülpen. Natürlich darf das nur ein Mal geschehen. Es ist längst nicht mehr wie bei der »Lady in Red«. Heute trägt man Couture exakt ein einziges Mal. Im Unterschied zu Filmstars bekommen private High-Society-Girls selbstverständlich nicht das totale Make-over von Stylisten und Coiffeuren. Sie haben denselben freundlichen Look wie immer: Hotpants, die gleichen Ohrringe oder das gleiche Armband. Das oberkomplizierte Cou-ture-Kleid wird dann nur mal eben schnell übergeworfen. Und weil man nun mal Modelsize-Look hat, kann man auch die Run-way-Modelle tragen und muss sich nicht extra Outfits zurecht-schneidern lassen, wie eine Angelina Jolie, bei der ja alles auf den Körper getackert wird. Man ruft mal eben seinen Dresser an – in Laurens Fall ist das niemand Geringeres als Olivier Theyskens, Ex-Rochas-, Ex-Theory- und Ex-Madonna-Designer. Er hat auch

Pro Gelegenheit und Anlass-wechselt
-it-Girl "HAUTE=COMPLICATION
mit "High-Simplicity" ab.

Keep one
hand and one
elbow relaxed

ihre zwei (!) Brautkleider für die dreitägige (!) Hochzeit in Cartagena designt, die auf einem Mehrseiter in der US-»Vogue« gefeatured wurde. *Socialites* sind eben die neuen Models – weil sie nicht einfach schön sind, sondern eine außergewöhnliche Story bebildern.

» SIE HAT SO EIN KLEINES BISSCHEN EINEN SIN FACTOR UND SIEHT DURCHTRIEBEN AUS – WAS NATÜRLICH UNGEMEIN ATTRAKTIV WIRKT, VOR ALLEM AUF MÄNNER «

Was uns Lauren Santo Domingo natürlich bravourös vorführt: dass man mit derselben legeren Art Couture, Secondhand und No-Fashion tragen kann. Nicht nach dem Motto: Heute bin ich aber ein bisschen wenig angezogen, sorry. Oder: Heute bin ich so teuer angezogen, sorry. Dieses jedes Mal Häkchen-In-Die-Luft-Machen:»Nehmt mich doch nicht so ernst«, oder: »Guckt doch nicht so genau hin« langweilt auf die Dauer doch ein wenig. Laurens Devise: »Guckt jedes Mal ganz genau hin. *I am not sorry.*« Ihr Nude-Kleid kombiniert sie eben nicht mit irgendwelchen Nude-Pumps, sondern mit dicken Gladiator-Sandalen und einer schwarzen Aktentasche. Genauso, wie sie auch das weiße Spitzenhöschen nicht mit dem weißen Glitzertäschchen trägt oder einer It-Bag. Sie wählt eine große schwarze Tasche und Ankleboots, um Kontrapunkte zu setzen. An diesen

Sometimes
Big-city-girls
prefer the
Colour
" NUDE "

und bewaffnen
sich mit
GLADIATOR-
SANDALEN
und:
"ATTACHÉ"?-
TASCHE

Details sieht man, wie bewusst sie sich stylt. Auch, dass sie häufig Lippenstift trägt, ziemlich dick aufgetragen sogar, ist natürlich Konzept. Dadurch bekommt sie den *sin factor.* Sie sieht wirklich etwas durchtrieben aus und so, als ob sie schon einige Partys überstanden hätte. Was natürlich ungemein attraktiv wirkt, vor allem auf Männer. Das bisschen *bad behavior, the lady is a tramp,* macht sie zur Verbündeten und heißt aber auch: an allen Plätzen, an denen man gerade unbedingt sein muss, zur selben Zeit zu sein. Rätselhaft, wie das diesen Frauen gelingt.

» ALS ECHTES SOCIALITE UMGIBT MAN SICH NATURGEMÄSS MIT ANDEREN FRAUEN UND VERBÜNDET SICH SOFORT MIT IT-GIRLS. DENN: SCHÖNE FRAUEN SIND NICHT STUTENBISSIG «

Als echtes *Socialite* erlaubt sich Lauren sehr viel Personality. Sie ist nicht nur Projektionsfläche. Bei ihr sieht man, dass sie sehr eigenwillig ist. Das hat natürlich einen ziemlich hohen Unterhaltungswert. Und wenn bei *Socialites* langsam *Allure* und Selbstironie dazukommen, wie bei einer Nan Kempner, die, lang und dünn wie Lauren, durch nichts anderes berühmt wurde als durch High-Fashion, Rauchen und Stil, werden sie zur Legende. Auch dank gewisser Fauxpas, die sie sich erlauben dürfen. Das sind Frauen, die man mit *bad behavior* und vielen Anführungszeichen beschreiben kann. Denn eine Nan Kempner, die die Couture so liebte wie die Couture sie, hat es geschafft, in New Yorker Restaurants einfach mit heruntergebeugtem Kopf unter der Tischplatte zu qualmen, als schon längst überall Rauchverbot war. So etwas gelingt wirklich nur mit früher Übung: langsam in dieses selbstironische Feld hineinzugleiten und mit Style-Bewusstsein zu beeindrucken. Abrupt kann man sich das nicht vornehmen.

Frauen wie Lauren sind vor allem eines nicht: *Trophy-Wives.* Sie sitzen nicht nur zu Hause und züchten Kekse oder Canapées, um nachmittags mit anderen frustrierten Frauen unter oder über dreißig leicht beschwipst Sexeskapaden zu besprechen. Das macht man einfach nicht mehr. »Sex and the City« ist *total VHS.* Man ist City-Girl, aber Sex – das überlässt man der Middleclass. Wie Carolyn Bessett-Kennedy arbeitet man sich lieber noch ein bisschen weiter high, high, up und hat doch immer noch einen kleinen Job irgendwo im Verlag oder der PR. Laurens Zeitvertreib: Der Online-Luxusmodeshop »Moda Operandi«.

Wer, wie sie, schon alles im Kleiderschrank hat, will natürlich die High-Fashion nicht erst, wenn sie in die Läden kommt, sondern frisch vom Runway. So funktioniert ihr Store. Nebenbei macht sie als US-»Vogue«-Kolumnistin mit dem frivolen Autorenkürzel LSD Hausbesuche bei der High Society. Man tut eben was. Als echtes *Socialite* umgibt sie sich naturgemäß mit anderen schönen Frauen. Man verbündet sich sofort mit den exquisiten It-Girls, um den Zuschauern etwas zu bieten, nicht wahr. In ihrem Fall sind das Alexa Chung (momentan Busenfreundin von wirklich jeder), Topmodel und Pilates-Süchtige Karlie Kloss, Toy-Boy und Gossip-Journalist Derek Blasberg. Das ist eine kleine Schickimicki-Army, die mit geballter Beauty sofort das Gegenüber entwaffnet. Und ich habe es schon immer gesagt: Schöne Frauen sind nicht stutenbissig. Auch das ist Middleclass.

Wer, wie Lauren und diese ganzen modernen It-Frauen, am *top of the roof* angekommen ist, schafft es, anderen die Spucke zu trocknen, wenn sie urplötzlich, *effortless* auf diesem Globus stehen, dem Sidewalk oder am Strand von St. Barth. Sie sind immer *modelsize,* haben immer dieses endlos volle Haar, mit demselben Blond. Schweden ist irgendwie überall. Es gibt diesen bestimmten Swedish-Girl-Typ, der ganz weit weg von Södermalm geboren ist und den privaten First-Lady-Look hat. Natürlich hat man heute nur die Schüttelfrisur und keine Extensions, kein Haarspray. Man lässt das Haar dorthin fallen, wo es hinfallen möchte. Schließlich ist man viel zu nervös, sich nicht durch die Haare zu gehen. Und wie wir wissen: Bei Extensions kreiert man, falls man

Is always ROOM AT THE TOP!

(Erfolgreiche und (oder!) berühmte Männer finden Frauen attraktiv, die dadurch berühmt wurden, dass sie erfolgreich mit erfolgreichen und (oder!) berühmten Männern geschlafen haben.)

① nauties

es gewagt hat, im Nagelstudio gewesen zu sein, mit den künstlichen Fingernägeln und der künstlichen Haarverlängerung einen schweren, blutigen Supergau. Aber das It-Girl hat ohnehin *so called natural hair* und ist als *busy* New Yorkerin sehr aktiv mit den Händen darin beschäftigt. Deswegen verstehe ich Anna Wintour und ihren heckenartig gestutzten Bob auch nicht. Weil die elektrische Rundbürste während oder zwischen den Schauen *recharged* werden muss, müsste sie ja alle drei Minuten rausrennen und sich nachföhnen lassen. *Unbelievable.*

LAURENS
DOS AND DON'TS

Tragt Event-Kleider nur ein Mal. Man wird euch für ein echtes Society-Girl halten. Leihen statt kaufen!

Nie für over- oder underdressed entschuldigen – selbst wenn es so sein sollte (nicht mal mit einem Wimpernschlag).

Kleidet euch oft in Nude, dann braucht ihr nicht halb nackt herumzulaufen.

Setzt beim Styling Kontrapunkte, um zu zeigen, dass ihr euch etwas bei eurem Look gedacht habt.

Wirkt ein kleines bisschen verrucht. Das macht Männer zu Verbündeten.

Legt euch eine Schüttelfrisur zu und fahrt euch nervös durch die Haare. Man wird euch für ein Manhattan-Girl halten.

Verbündet euch mit anderen It-Girls. That's very *upper-classy* (Stuten beißen nur andere Pferde).

WOLFYS FASHION-GLOSSAR: LAUREN

WASP – White Anglo Saxon Protestant; der weiße Geldadel Amerikas.

BELL-BOTTOM-HOSE – Kulthose in Glockenform.

LADY IN RED – berühmter Film aus den 1980er-Jahren mit dem Model Kelly LeBrock in der Hauptrolle.

NUDE – hautfarben; die bessere Färbung, als halb nackt zu gehen.

ANKLEBOOTS – Wenn ihr das nicht wisst, kann ich euch auch nicht mehr helfen.

BAD BEHAVIOR – das, was bleibt, wenn die Erziehung versagt hat.

TOY-BOY – Spielzeugmann, einer um dessen Hand man nicht anhält.

TOP OF THE ROOF – der Weitblick der Manhattan-Taube.

TOTAL VHS – beschreibt den Geschmack des Prä-DVD-Zeitalters.

7
DIANE
KEATON

D.K-

Perhaps
witho...
the d...
but
neve...
with...
1) Hat
2) BR...
3) Be
4) Boz
5) Ti
(6) BR
    va
wood...
(best get
Acces

FASHION-KUMPEL

Diane Keaton findet man nicht auf irgendwelchen Best-Dressed-Listen in »Vanity Fair« oder »Vogue«. Auch nicht auf den Wem-steht's-besser- oder Klau-den-Look-Seiten der Yellow Press. Nein, ihr Look ist nicht *it*, nicht *trendy* oder *up to date*. Er ist zeitlos. Nicht jeder hat schließlich das It-Gen, ist *well connected* und *einmeterachtzig*. Was will man sich da abgucken, wenn man die Voraussetzungen nicht hat? Genau. Deshalb liefert die Hollywood-Schauspielerin zwischen all den Fashion-Girls und Society-Starlets ein vollkommen anderes Stil-Beispiel. Die weiten Anzüge, die Männerhemden, die Oversize-Jacken mit dem Gürtel, eng in der Taille geschnallt: Diane Keaton ist ein echter Fashion-Kumpel-Typ.

Ihren Look hat sich Diane bereits in den späten 70er-Jahren zugelegt, pardon, von Signor Armani für ihre Rolle als

Annie Hall in dem Woody-Allen-Streifen »Der Stadtneuroti-
ker« zurechtlegen lassen, und bis heute stur durchgehalten: das
Men's Shirt, die weite Hose, die Männerweste, der Stetson-Hut.
Sie hat etliche Moden ausgelassen, übersprungen, zwischendurch
ihr eigenes Fashion-Revival gefeiert und immer konsequent den
gleichen Look getragen. Man könnte auch sagen: Sie hat ihren
Stil gefunden – oder ist mit ihm in lebenslänglicher Gefangen-
schaft. In ihrem Fall sind es Stilmittel. Die vielen klimpernden
Accessoires, der clowneske Hut und das Lieblingsaccessoire: die
Woody-Allen-Brille (die er ihr als Liebespfand überlassen hat).
Sie war nie *femme fatale*, sondern auf eine äußerst unterhaltsame
Weise *very* intellektuell. Schon immer.

Diane ist ein leicht neurotischer Typ, der sich nervös am
Hinterkopf kratzt und nonstop hysterisch lächelt. Egal, wo man
sie sieht: Ihr Mund ist selten geschlossen und zeigt in einem
breiten Grinsen gerne die teuer erworbenen Zahnreihen oben
und unten. Sie lenkt mit allen Mitteln auf ihr sympathisches,
gut gelauntes Gesicht. Selbst mit ihrem Haar. Es wird, genau
wie bei Anna Wintour, links und rechts ins Gesicht gebürstet
und geföhnt. Respektvoll wird natürliches Silberhaar ins Mittel-
blond aus der Tube integriert und kunstvoll auf »Natur« gefönt.
So hat sie Natur UND Figur im Griff. Außerdem rahmt sie ihr
Gesicht so, dass man nicht mehr seine Beschaffenheit sieht, sondern nur noch seinen Ausdruck. Und auch ihre Körpersprache
hat etwas übertrieben gutgelauntes, immer am Rande eines *nervous breakdown*.

» WER SICH ZU EINER KARIKATUR MACHT, MUSS SICH EINIGE STIL-TOOLS ÜBERLEGT HABEN. SIE MÜSSEN SCHON AUS DER ENTFERNUNG ZU ERKENNEN SEIN «

Das wichtigste Essential des Keaton-Dresscodes: Humor. Das ist natürlich eine wahnsinnig gute Waffe, die schärfer ist als jedes Outfit. Denn: Mit wem man lachen kann, über den lacht man nicht. Lieber macht man sich selbst zur Karikatur. Was übrigens gar nicht so leicht ist. Wer dazu fähig ist, muss sich sehr viele Stil-Tools überlegt haben. Nur dann kann man den charakteristischen Look auf eine Metapher reduzieren. Sie müssen schon aus der Entfernung zu erkennen sein. In Dianes Fall sind das: die Nerd-Brille, der Taillengürtel und Hunderte Accessoires. Sie hat sich zu diesem »duften« Typ stilisiert, der immer in einer *good mood* ist, der mit dem Alter und allen Problemen gut fertig wird. Sie könnte Psychotherapeutin sein. Oder Psychopathin. Sie hat wirklich etwas sympathisch Neurotisches. Obwohl sie sich lässig gibt, winke, winke macht und grinst, ist sie eigentlich sehr kontrolliert. Ihr Look ist stets bedacht und ordentlich zurechtgelegt. Daran ist nichts zufällig. Sie hat sich ein ganz starkes System überlegt, was sie verdecken oder entblößen will. Während jüngere sogenannte Stilikonen mit ihrer Physis punkten, erkennt man bei älteren Frauen wie Diane deutlich: Ihr Stil ist in der Balance ganz genau abgezirkelt, er ist so übertrieben,

Mach freche
GESTEN +
WIRKE DEINEN
FANS – aber
zeig nicht den
Handrücken

Extravagante
Materialien
(Leather, Silk,
Brocade!)

WÄH
lieb

dass uns die Abweichung irritieren würde. Dianes bester Dress-code-Trick: Man kann ihre Figur nur erahnen. Sie hält sich stets bedeckt und die Taille mit einem breiten Gürtel in jugendlichster Wespen-Form. Warum sie das macht? Wie bereits das Rokoko bewiesen hat: Wenn man die Taille immer schön geschnürt hat, bleibt sie, wie sie ist. Wenn man dem Leib an einer Stelle nicht erlaubt zuzunehmen, dann kann er es eben nicht. Also hat Diane sich den Gürtel früh umgeschnallt, und zwar immer die breitesten Modelle, die gleichzeitig stützend wirken. Nicht immer modisch, aber praktisch: Das betont eine gewisse Weiblichkeit. Wenn der Rest der Garderobe Männerjacken und -hemden sind, also nicht gerade verführerische Sachen, dann betont sie damit eine andere Mitte. Und wenn man sonst kein Dekolleté zulässt, so ist die Taille die erotische Alternative.

» AB EINEM GEWISSEN ALTER ZEIGT MAN DIE HÄNDE NICHT MEHR SO GERNE. EIN TRICK: MIT VIEL SCHMUCK DAVON ABLENKEN «

Man hat bei Diane Keaton natürlich immer ein wenig Angst, dass plötzlich alles auseinanderfällt, sobald der Gürtel mal gelockert wird. Die Absicht der Fashion ist es ja, anderen etwas vorzumachen. Nicht ohne Grund spricht man vom Glamour der Mode. Das Wort kommt von Glanz. Und so wie die Rüstungen der Ritter geglänzt haben, um den Feind zu täuschen, kann man auch mit Kleidung ganz hervorragend tricksen. Also: Immer schön am Glamour-Faktor arbeiten. Das Ganze sollte aber nicht artifiziell wirken. Eine Diane Keaton ist nicht geliftet, nicht überstylt und nicht dick geschminkt. Sie hat sich klugerweise die Natur zur Freundin gemacht, statt sie aussichtslos zu bekämpfen. Diane arbeitet mit einfachsten Mitteln. So weiß sie eben ganz genau, um auf ihre Taille zurückzukommen, dass sie etwas sehr Symbolisches ist. Das hat ein bisschen auch mit *torture*, mit S&M zu tun. Die Schnürung, die Reduktion auf das Letztmögliche, ist ein ganz wichtiger Fetisch-Aspekt. Und so symbolisiert Diane eine ganz bestimmte Variante von Sex-Appeal. Das ist sehr raffiniert.

Und dann hat sie noch einen ganz guten Beauty-Tipp: Sie bedeckt ihre Handrücken mit Ärmeln und mit Dutzenden Armbändern. Offenbar ist ihr jedes Mittel recht, Hauptsache, es lenkt von den Händen ab. Auch ihr ständiges Gefuchtel verhindert einen genauen Blick auf die verräterischen Handrücken. Ihre Finger fliegen durch die Luft wie Kolibris. Ab einem gewissen Alter zeigt man die Hände eben nicht mehr so gerne (das Dekolleté, die Knie und Ellenbogen auch nicht). Und was eben auch hilft: mit Schmuck ablenken. Das haben all die großen Fashion-Ladys schon immer getan. Möglichst große Schmuckstücke, nie sparsam sein. Das machen junge Mädchen. Wie eine Dompteurin lenkt Diane den Blick dorthin, wo sie ihn haben will, indem sie sagt: Guck bitte dahin und da besser nicht. Es hat etwas mit der Beschwörung des Gegenübers zu tun. Man sollte immer überlegen: Wie selbstbewusst wirke ich auf mein Gegenüber? Und dafür sollte man sich daran erinnern, dass wir neben einer Vorderseite auch noch eine Rückseite haben und sich hin und wieder als Ganzes betrachten. Der Rückspiegel an der Handtasche sollte längst erfunden worden sein.

DIANES
DOS AND DON'TS

Bleibt einem Stil treu. Das wirkt souverän.

Überlegt euch eigene Stilmittel. Sie machen
unverwechselbar.

Habt Kontrolle über euren Look und versucht,
trotzdem lässig zu wirken.

Seid clownesk – und niemand wagt zu lachen.

Wickelt über alles einen breiten Gürtel um die Taille.
Das macht Eindruck und wirkt weiblich.

Mit Glamour von Problemzonen ablenken.

Verwelkte Handrücken bedecken oder mit dicken
Klunkern schmücken.

Auch mal die Rückseite im Spiegel betrachten.

„Sei
clownesk
und niemand
sagt
u achen'!)

Stilwaffe
gegen die
Frechheit
und Un=
vermeid=
barkeit
des
Älterwerdens.
— !!!

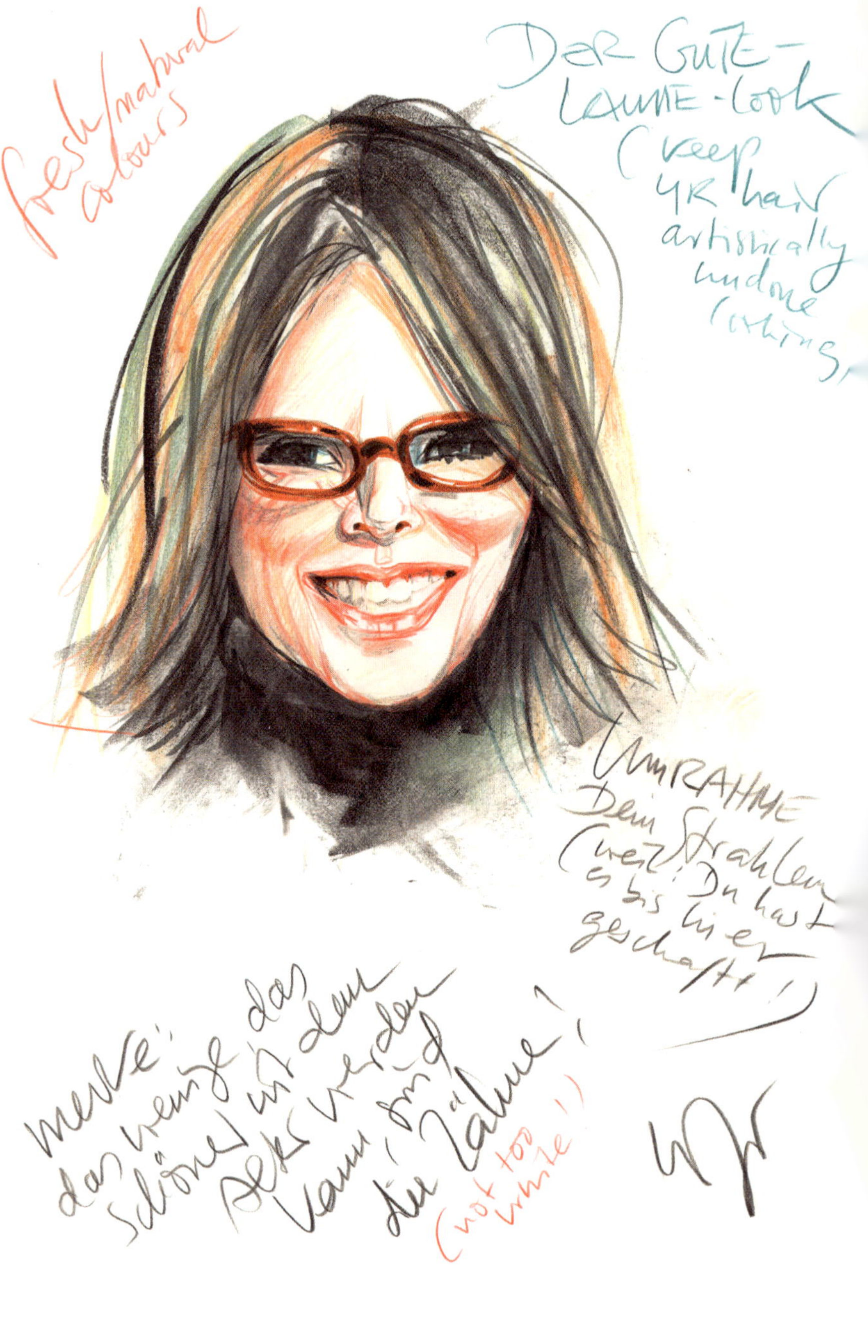

WOLFYS FASHION-GLOSSAR: DIANE

IT-GEN – das kleine Gen, das einen von Geburt an cooler macht als die anderen.

WELL CONNECTED – man ist die Spinne im »social network«.

FEMME FATALE – die ewige Verführerin, mit der man sich freiwillig ins Verderben stürzt.

NERVOUS BREAKDOWN – ein meist vorgeschobener Grund, sich kurzfristig zu erholen.

ESSENTIAL – ein Fashion-Konzentrat, das man jederzeit strecken kann.

NERD-BRILLE –Buchhalter-Gestell.

GOOD MOOD – Gegenteil von schlechter Laune.

TORTURE – Qual.

TOOL – Werkzeug, das heißt Trick, Kniff, um einen Look zu einem Look zu machen.

8

CAROLINE
DE MAIGRET

That hair

She is not r
— She's a S
of bee
relat
(means
in goe
and be
dressed

Es gdt
auch
" it "
in etwas
" dick "

Permanent
ACCESSOIRE
weisse Ten
mal hoch
flat — a
∧ ※ I

EXISTEN-
TIALISMUS-
GIRL

Caroline de Maigret ist Model, Muse, Musikerin – und neu-
erdings absoluter Liebling der Street-Style-Blogs. Ganz gleich,
wo sie auftaucht, ob bei der Pariser Fashion-Week oder einem
Shop-Opening: Überall ist sie von Fotografen umschwärmt wie
eine Bienenkönigin. Dabei fragte sich jeder im ersten Moment:
Wer ist denn diese unbekannte Schönheit überhaupt? Denn als
Model war sie nie so bekannt wie Cara Delevingne, Kendall Jen-
ner oder Kate Moss. Auf einmal sah man sie an der Seite des
Who's Who der Modewelt, und sofort stieg sie vom No-Name-
Model zum neuen Fashion-Darling auf. Von nun an saß sie bei
den Modenschauen nur noch *Front-Row* und schaffte es auf die
Titelseiten internationaler Modemagazine – von nun an nicht
als Model, sondern als Personality. Dieser raketenhafte Überra-
schungserfolg grenzt beinahe an ein Wunder. Ist es aber nicht.
Caroline hatte einfach das richtige Styling und Timing für ihr

Comeback, das keines war. Denn bis sie mit ihrem *Normcore-Look* auftauchte, erwartete man in der Mode nonstop neue, aufregende Botschaften. Doch plötzlich waren Statement-Pieces und Keylooks so obszön wie Kohlenhydrate nach 18 Uhr. Und wer sich diese No-Gos verkniff und sagte: »Schaut mich an und nicht die Klamotten« wurde High-Fashion.

» ZUM EXISTENTIALISMUS-LOOK GEHÖRT NATÜRLICH UNBEDINGT DIESES SICH-ZUHÄNGEN-MIT-DEM-HAAR. DENN EXISTENTIALISMUS HEISST: ICH KOMME AUCH ALLEINE ZURECHT «

Caroline ist ein Daywear-Kunstwerk. Sie ist nicht einfach nur entspannt, sie ist superentspannt. High Heels und Bleistiftröcke? Pah, sollen doch die Cliché-Pariserinnen diese unbequemen Sachen tragen. Sie wirft sich lieber einen Oversize-Wollmantel im *men's cut* über, schlüpft in schwanendaunenweiche Kaschmirhosen und trägt zu jedem Look, egal, ob casual oder dandy, weiße Tennisschuhe, frei nach dem Motto: Man geht ja in Paris ohnehin zu Fuß. Und natürlich überquert man auch immer ausgerechnet dort die Straße, wo und wann man es am besten nicht tun sollte, weil man im Verkehrsstau die meiste Aufmerksamkeit bekommt. Genauso ein bisschen *I-couldn't-care-less* wirkt auch der Maigret-Dresscode. Er ist absolut praktisch und sig-

"You Can buy me a drink - I'm over eighteen!"

Es ist so
Parisienne,
Nie nie so auszu=
sehen, wie "man"
sich "Parisienne"
vorstellt.
Es ist die Abwesen=
heit der Mode,
die Mode zum
ständigen Thema
macht — ohne
sie zu diskutieren.
Sie zu ignorieren,
ist die Parisische
Art, mit ihr
umzugehen.

au
OBE
y-
tic-
ion-
fashion
...

Mir fällt
"Last Tango in
Paris" ein,
nicht
Paris Hilton
Marlon Brando
statt Gisele Bündchen

Dress-Code:
"MEN'S CUT" -
not "oversized"

Der ultra-
coole Look
sagt aber
auch:
"Ich bin schön
und kann
auch
anders".

Existenzialismus
heißt: ich komme
zurecht - ich
verspreche den
Leuten nichts -
und ich tue
es auch nicht

nalisiert, dass sie in jeder Beziehung emanzipiert ist. Der Insider weiß, dass es nur ein altes *cliché* ist, dass in Paris alle wunderhübsch sind, rote Lippen und *French Manicure* oder High Heels und *Baguette-Bags* tragen. Schließlich bekommt man spätestens in irgendeiner Brasserie einen *Reality-Check* geliefert, wenn man feststellt, dass sich die Leute dort *mainly* über Literatur, Kultur oder Politik unterhalten und sich intellektuell *Left Bank* geben. Der Intellektuelle ist damit beschäftigt, den Wandel der Mode zu übersehen. Den können Mode-Touristen aus aller Welt auf dem rechten Seine-Ufer bestaunen. Das echte Paris zelebriert den vernachlässigten Look. Ist er gekonnt, darf er nie nach Mühe aussehen. Wer in der Stadt der Mode lebt, sieht eben keine Mode mehr. Genauso wie der Kölner den Kölner Dom nicht mehr sieht.

Carolines Look stammt aus einer Zeit, in der man filterlose Zigaretten auf die Unterlippe klebte, sich im Grunde die ganze Zeit nur im Bett aufhielt, wild verwischte *Smokey Eyes* und kunstvoll verwuscheltes Haar hatte. Sie ist diese *Camus*-Frau, eine Existentialismus-Figur, die die Abwesenheit von Mode zelebriert. Dazu gehört natürlich unbedingt dieses Sich-Zuhängen-Mit-Dem-Haar. Denn Existentialismus heißt: Ich komme klar. Auch ganz alleine. In Fashion übersetzt: Mein Look heißt *Survival*. Ich gebe mit dem Look kein Versprechen ab. Ich gehöre zu nichts und zu niemandem. Ich verspreche dem Leben nichts und das Leben verspricht mir auch nichts. Das klappt als Idol natürlich nur, wenn man wirklich cool aussieht. Und Caroline sieht cool aus. Als Ex-Model beherrscht sie die richtige Pose.

Selbst mit ein paar Kilos mehr. Auch die hat sie im Griff. Das absolute Symbol für Nachlässigkeit: Wilde Haare. Denn – woran erkannt man Französinnen schon aus der Entfernung? Richtig: an der nicht perfekten Frisur. Friseur, Coiffeur, das sind Namen für Berufe, die zwar in Paris erfunden wurden, deren Künste von der coolen Französin aber nicht beansprucht werden. Das sieht man an Charlotte Gainsbourg, Françoise Hardy und auch an Caroline. Zum allerersten Mal aber sah man den Stil an Brigitte Bardot. Sie war La-Schlamp-Surprise. Sie schlich bei den Filmfestspielen in Cannes im Panthergang, auf flachen Schuhen, fast unbekleidet über den roten Teppich. Neben ihr sahen die Hollywood-Frauen plötzlich aus wie gebrauchte Chevrolets. Dieser *female shock* hat niemals aufgehört zu funktionieren. Bis heute ist der Bardot-Look Inbegriff von Coolness und Verführung. Jede erfolgreiche Blondine, von Kate Moss über die junge Claudia Schiffer, Pamela Anderson und die junge deutsche Anna Ewers macht seither auf Bardot-Groupie oder ganz einfach: das, was sie will. Diese *femme* ist *affranchie*: freizügig und unerzogen, unpünktlich und unzuverlässig, aber vor allem zieht sie sich nachlässig an. Ihr Statement: Ich bin sexy, also brauche ich mich nicht sexy zu geben.

Das ist auch Carolines Code – auch in brünett. Der Blick mit dem Pony verhängt, das Gesicht mit dem Haar umrahmt: Caroline achtet strengstens darauf, so auszusehen, als wäre sie gerade aus dem Bett gestiegen – oder würde gleich wieder reingehen. Das signalisiert absoluten Sex-Appeal. Sie scheint einen

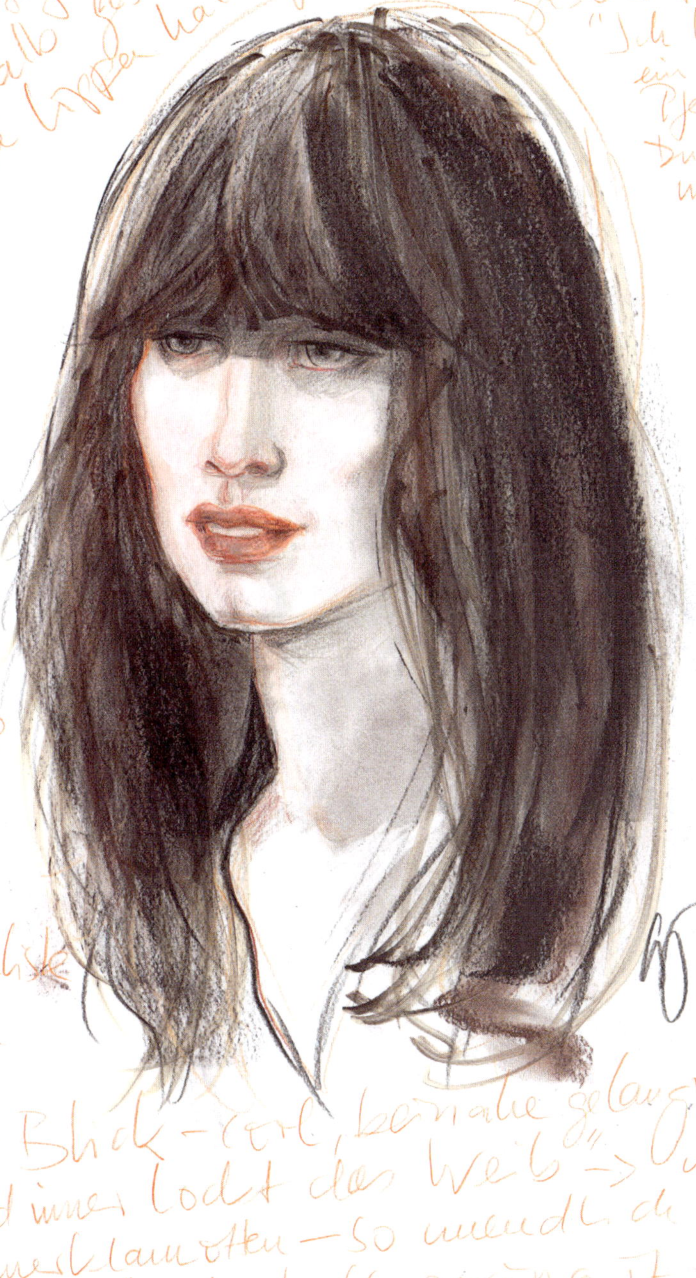

» DER PARISER-SEX-APPEAL: KEINE BIG BOOPS, EINEN GELANGWEILTEN BLICK AUS DUNKEL UMRAHMTEN AUGEN UND DAS VIELE, NICHT ZURECHTGEMACHTE HAAR «

alten Trick anzuwenden. Früher haben die Frauen sich einen Zopf geflochten, bevor sie ins Bett gingen, damit das Haar mehr Spannung und tagsüber diesen verruchten Look bekommt. Das riecht geradezu nach Bereitschaft zum Sex. *Elle a du chien*, denkt der Mann. Caroline hat dieses sexuell Anziehende, wie einst Charlotte Rampling. Obwohl die Schauspielerin Britin ist, sind die Filme, mit denen sie berühmt wurde, wie »Der Nachtportier« oder »Die Verdammten« *french*. Sie hat immer eine emanzipierte Figur dargestellt, die, wie die französische Frauenliteratur, die bürgerliche Rolle der Frau in Frage gestellt hat. Sie ist ambivalent und hat einen anderen Sex-Appeal. Keine *big boops*, dafür einen gelangweilten Blick aus dunkel umrahmten Augen und – eben – das viele, nicht zurechtgemachte Haar. Aber was man an Mrs. Rampling und der Maigret deutlich sieht: Sie achten nicht nur auf ihren besonderen Appel, sie wirken auch äußerst smart. Und unsmart zu sein, ist überhaupt nicht pariserisch. Die Frauen waren hier schon immer sehr viel cleverer als anderswo. Die Pariserin geht zu einem Dinner und hört von allen Seiten: »Du bist fantastisch angezogen«, verlässt das Dinner und bekommt gesagt: »Das war die beste Unterhaltung seit langem.« Voilà.

Seit Marlene Dietrich
von Henry v. Sternberg
in einen Smoking
gesteckt worden ist,
faziniert uns
weiblicher Sex-Appeal
im Männer-Outfit.

CAROLINES
DOS AND DON'TS

Tauscht High Heels gegen High Tops.
Das wirkt super entspannt.

Tragt Menswear-Mäntel und weite Wollhosen.
Das funktioniert auch in Size Plus.

Überquert die Straße, wo der Verkehr am dichtesten ist.

Smokey Eyes und kunstvoll verwuscheltes Haar haben
den smarten Existentialismus-Appeal.

Hängt die Augen mit einem Pony zu und schaut
nihilistisch gelangweilt. Das verführt!

Geht mit geflochtenen Haaren ins Bett. Geöffnet wird
man am nächsten Tag denken, ihr hattet den besten Sex
eures Lebens.

Gebt euch geheimnisvoll, sprecht wenig und leise. Jeder
wird euch für schlauer halten, als ihr seid.

WOLFYS FASHION-GLOSSAR: CAROLINE

FRONT-ROW – der Platz am Runway, an dem man mehr betrachtet wird als die Models.

NORMCORE – neumodisch für »basic«.

STATEMENT-PIECE – modisch wichtiges Einzelteil, das den Komplett-Look ersetzen kann.

KEYLOOK – Schlüssel, der das Tor zum besten Stück im Kleiderschrank öffnet.

DAYWEAR – Tag-für-Tag-Garderobe.

REALITY CHECK – das, was hängen bleibt, wenn man Mode durch ein Sieb streicht.

LEFT BANK – die Quartiers auf dem linken Ufer der Seine, wo sich die Bohème aufhält.

SMOKEY EYES – verruchtes Augen-Make-up.

FEMALE SHOCK – das Weibliche überdosiert.

ELLE A DU CHIEN – Sie hat jenes gewisse Etwas, weshalb auch der Köter der Hündin nachläuft.

9
TILDA SWINTON

BODY- Cargne-: No gestures
Relaxed- Hände in Hosenta...
DANDY
STATT
grau...

Hip-...
Pau...

FASHION-
DANDY

Tilda Swinton ist *day by day* High-Fashion. Der Grund: ihr ambivalenter Boy-Meets-Girl-Sex-Appeal. Denn Mode hat keineswegs die Absicht, sexy zu sein, wie die Leute immer glauben. Die Avantgarde legt sich nicht fest, sie möchte uneindeutig wirken und gewohnte Geschlechter und Modebilder infrage stellen. Diesem Code folgt auch der Tilda-Swinton-Look: überhaupt keine Gesten, die Hände in den Hosentaschen (die immer zu einer *hip hugging pants* gehören). Tilda ist Dandy statt Grande Dame. Tilda ist *controlled-relaxed*. Sie lässt die Arme entweder hängen oder locker in die tief hängenden Taschen ihrer Shantung-Hosen gleiten. Niemals sieht man sie sich an eine It-Bag klammern – wenn sie überhaupt eine trägt – oder an einen Bodyguard. Sie braucht optisch und physisch keinen Schutz. Auch nicht durch Schmuck. Sie weiß genau: Das Juwel ist ihr Gesicht. Wenn sie Ohrringe trägt, sehen sie sofort aus wie die Erinne-

ME-Myself
a Piece of
ART

DRESS
CODE:

Mondrian/
grafisch,
exotisch,
avantgardi-
stisc

Rockabilly-
Hairstyle

rungsstücke einer mondänen, kunstinteressierten Tante und nicht wie *bijoux*. Tildas Gesicht ist *alien*. Sie macht es sogar noch alienhafter, fast weiß, indem sie ihre Albino-Wimpern nicht schwarz tuscht. Selbst als Hexe in dem Blockbuster »Narnia« nicht; was sie in eine seltsam monochrome Schönheit verwandelt, weil ihre Augen sehr hoch liegen und umrahmt sind von großen, fleischigen Lidern. Geschminkte Wimpern? Sähen bei ihr aus wie getrocknete Fliegenbeine. Das weiß sie ganz genau. Sie kennt sich eben. Im Gegensatz zu den Schauspielerinnen, die Stylistenopfer sind, geht sie frontal mit ihren Sonnenseiten und Schwächen auf ihre Umwelt zu.

Wenn man über Tilda Swinton in der Presse liest, fallen eigentlich immer folgende Worte: Sonderwesen, Chamäleon, Alien. Das ist zunächst natürlich ihrer Physis geschuldet, die durch genetische Tricks unverwechselbar kunstwerkig geworden ist. Tilda ist maskulin, statuesk, grafisch, aber vor allem: *timeless*. Das begreift man in ihrem Durchbruchfilm »Orlando«, der zu Zeiten Elizabeth der Ersten spielt. Man stellt beim Zuschauen erstaunt fest: Wow! Schon in der Renaissance sah man wohl aus wie sie. Aber vor allem natürlich in den 1920er-Jahren, die die Moderne und den Garçon-Look erfunden haben. Kein Jahrzehnt davor oder danach hat die Frauenmode mehr revolutioniert. Es war in, sich sexuell ambivalent zu zeigen, das Korsett wurde abgeschafft, auf jegliche Stütze verzichtet. Die Geschichte der Mode behauptet, dass dieser revolutionäre, eigenständige Look eine Revanche-Reaktion war; auf die verkappt homoerotische

Lust der Männer, mit der sie sich jubelnd Seite an Seite in die Schützengräben des Ersten Weltkriegs warfen. Auch Tilda Swinton ist niemand, die eine Stütze trägt. Im Gegenteil. Sie weiß ganz genau, was passierte, wenn sie sich in weibliche Formen pressen würde. Sie wäre sicher vieles, aber bestimmt keine hübsche Frau. Also ist sie lieber ein schönes Wesen.

Tilda Swinton ist Stilikone, Model, Muse. Die Modewelt (Kampagnengesicht von Chanel) liebt sie genauso wie der Kunstbetrieb (Performance-Art-Darstellerin im MoMa). Es gibt kein Modemagazin, das ihr noch kein Cover gewidmet hat, kaum einen Designer, der nicht von ihr, der Dandy-Frau, schwärmt und von dem sie noch nicht ausgestattet wurde. Seit sie zum Auftakt der Nullerjahre, zur Filmpremiere von »The Beach«, urplötzlich auf dem roten Teppich auftauchte, wie ein sonderbares Wesen, das zufällig auf diesen Planeten gefallen ist, ist sie, die unbekannte Schönheit, für die gesamte Lifestyle-Presse ein Rätsel. Ist das, was sie da trägt, ein …? Nein, es muss von … sein, oder nicht? Tilda, die sich als Arthouse-Aktrice nie ernsthaft mit Mode auseinandergesetzt hatte, stieg im Blockbusterbusiness in Rekordzeit zur Avantgarde-Fashion-Ikone auf. Die niederländischen Designer Viktor & Rolf widmeten ihr einmal eine gesamte Spring/Summer Kollektion und verpassten allen Models bei der hochgradig hollywoodesken Runway-Show den Tilda-Look: rote, zurückgegelte Haare, marmorweißes Gesicht. Der kolumbianische Designer Haider Ackermann bringt sie eigentlich immer als Accessoire zu seinen Fashion-Shows und Release-Partys

» TILDA SWINTON IST DIE JEANNE D'ARC DER MODE, EIN FLEISCHGEWORDENER MODIGLIANI ODER CRANACH. WENN SIE EINE STATUE WÄRE, SIE WÄRE EIN BRANCUSI. SIE IST KURZ DAVOR ABSTRAKT ZU WIRKEN «

mit. Tilda ist *everybody's designer darling*. Sie war es, die von den Designern entdeckt wurde; nicht umgekehrt. Kein Wunder: Sie macht aus jedem Cashmere-Twinset, aus jeder Modestrecke, ein Art-Piece. Denn sie hat die Proportionen, die die Fashion braucht: den geraden, langen Hals, das magische, dreieckige Gesicht, diese großen, nackten Augen. Tilda Swinton ist die stille Jeanne d'Arc der Mode, ein fleischgewordener Amedeo Modigliani oder Lucas Cranach. Sie ist eben ein Gesicht, das einem durch Gemälde und die Hochkultur vertraut ist. Wenn sie eine Statue wäre, sie wäre ein Brancusi. Sie ist kurz davor, abstrakt zu wirken.

Tildas Look ist so emanzipiert wie kein anderer in Hollywood. Sie trägt Satin-Anzüge statt Sahnetortenkleider oder Kimonos statt Korsage. Das sind Looks, die ohne Stütze und Dekolleté auskommen – ganz anders als die, die man sonst nonstop in Folge auf dem *red carpet* sieht. Eigentlich würde man dort die neuesten Fashion-Schocks erwarten. Stattdessen: modi-

Metall/aqua
Töne in
Kontrast
zum "Albino"-
Make-up

scher Stillstand, überall diese krachigen Praliné-Kleider aus dem Theater-Fundus oder zu viel Haut, um mondän zu sein. *Not so cool.* Da wäre der weibliche Körper, verpackt in einem Männer-Outfit, wie es auch schon Marlene trug (und Madonna leider nur im »Vogue«-Video), viel verstörender. Was ist mit diesem Wahnsinns-Look von Yves Saint Laurent, der Marlene-Anzug mit durchsichtiger Chiffon-Bluse? Wäre doch mal eine gute Styling-Idee. Der subversive Erotik-Spezialist und Fotograf Helmut Newton konnte sich jedenfalls nicht satt daran knipsen. Er liebte das Spiel mit geheimen Eros-Botschaften und wusste, dass man weibliche Sinnlichkeit am besten mit Mitteln der Menswear inszeniert. In dieser Tradition steht auch Tildas Dresscode – da ist sie wirklich ein gutes *role model* für das spezielle Event. Sie zitiert die Transgender-Stilmittel eines David Bowie, den sie schon immer verehrte und für die große Bowie-Retrospektive im Londoner Victoria and Albert Museum verblüffend echt gedoubelt hat. Zu Bowie-Hoch-Zeiten trugen die coolsten Frauen Männerjacken über Vintage-Kleidern oder Unterröcken, das Negligé mit dem Männer-Trenchcoat. Das Kostümjäckchen mit Pagodenschultern ging gerade noch ohne Rock, nur zur Jeans. Aber sonst sollte einfach alles von der Menswear entlehnt sein. Damit macht man sich zum Komplizen der Männer, zu einer Geheimnisträgerin, wie Tilda Swinton.

Der Vorteil am Swinton-Dresscode: Man muss keine perfekte Figur haben. Denn egal, ob zu dünn oder zu dick, zu alt, zu klein oder zu groß: In extrem androgynen Outfits sehen viele

» TILDA SWINTON IST KEINE KIM KARDASHIAN, DIE SICH ZU EINEM SEXOBJEKT DEGRADIERT. SIE IST KEINE PARODIE EINER FRAU. SIE IST EIN STATEMENT-PIECE «

Frauentypen oft am interessantesten aus. In dem Moment, in dem sie versuchen, sich weiblich zurechtzumachen, wirkt es, als buhlten sie um die Gunst der Männer und träten erfolglos in Konkurrenz mit jenen Frauen, die noch von der Süße der Jugend geküsst sind. Sich vom anderen Geschlecht unabhängig zu machen, sich selbst genug zu sein ist auch immer wieder ein Versuch der Mode. Nicht wie eine Kim Kardashian, die sich zu einem Sexualobjekt degradiert. Das ist konterrevolutionär, da werden die ganzen Errungenschaften der 60er-Jahre zunichte gemacht. Ganz anders: Tilda. Sie ist keine Parodie der Frau. Sie ist ein androgynes Statement-Piece. Sie gibt sich immer einen grafischen Frame. Ob es die Frisur ist oder die kimonoartigen Ausschnitte und Krägen. Sie haben etwas Uniformhaftes. Das hat sie sich von ihrem Vater, einem General, abgeschaut. Als Kind war sie mehr inspiriert von seinen Uniformen als von den Abendkleidern ihrer Mutter. Tilda hat früh gelernt, dass Uniformen so einen ähnlichen Sex-Appeal haben wie Jeans. Gerade wenn alle gleich aussehen, sieht man die physischen Unterschiede ganz genau. Da kann man nicht mit der Ansteckblume, der Pochette oder dem Schleier vor dem Gesicht ablenken.

"Segeltuch"
Stoff oberchips
Schmucklos, denn
ein Juwel wie
dieses duldet
keine Konkurrenz.
Das "fleischfarbene"
oder "nude-
farbene Seiden=
kleid ist
schlicht wie
ein Pullover.
Auf jeden Fall so
bequem wie einer.
Oder: das
Stück Stoff, gibt
nur wenig frei
von der
"Skulptur, die
es verhüllt.

Wenn man den Versuch macht, sich in der Öffentlichkeit zu verstecken, wird immer das entdeckt, was man verstecken will. Und genau darin liegt der Reiz von Tilda Swintons Look: Die Mode, die sie trägt, ist keine Verzierung. Sie ist Verheißung. Denn Mode in dem Sinne ist es ja nicht, was sie trägt. Das ist wirklich ein Tilda-Swinton-Look. Mode ist etwas, das alle erfasst, wie eine Pandemie. Wenn Leute sagen, ich interessiere mich nicht für Mode oder ich habe mich der Mode entzogen, sage ich: Was ist denn das für eine Anstrengung? Zeigt mir mal das Ergebnis. Meist ist es schmutzig, oder nackt. Mode ist eine intellektuelle Höchstleistung – wenn man es so meisterhaft beherscht wie Tilda Swinton. Denn, wer so ein Gesicht wie sie und sich über die Pubertät hinaus im Spiegel betrachtet hat, der kann nicht dumm sein. Ganz im Gegenteil. Dabei wirkt sie überhaupt nicht arrogant. Das ist das Erstaunliche. Sie lächelt fast auf jedem Foto, sie blickt einen direkt an und sie wirkt *straight*. Das zeigt ihre exquisiten Charakterzüge. Fazit: Um den Tilda-Swinton-Look zustande zu bringen, muss man sich erst mal mit sich selbst auseinandersetzen.

TILDAS
DOS AND DON'TS

Hände in den Hosentaschen tragen, nicht in der Luft. So macht's der echte Dandy.

Tragt No-Make-up-Make-up und lasst das Gesicht euer Art-Piece sein.

Stets echten Schmuck tragen – das gehört sich für ein Statement-Piece-of-Art (Kunst sollte echt sein – statt Fälschungen lieber Poster).

Zum Event Hosenanzug statt Robe tragen. Das macht euch zur Komplizin der Männer.

Verzichtet auf Korsagen und Stützen. Eure statueske Pose zwingt euch zu echter Haltung.

Egal: ob
Rock, Robe oder
Hose — die
Pose bleibt die-
selbe.
Und: wie raffiniert
is) das:
2 Blautöne
in OZEAN + Nacht-
himmelblau, um =
wickelt in
Seide/die teure,
exquisite
Skulptur!

WOLFYS FASHION-GLOSSAR: TILDA

BOY-MEETS-GIRL-SEX-APPEAL – vom Boy und Girl das beste kombiniert.

BIJOUX – kleine und große Schmuckstücke.

HIP HUGGING PANTS – Hosen, die so geschnitten sind, dass der Bund mit Absicht die breiteste Stelle der Hüfte umklammert.

DANDY – Herr, der eleganterweise nichts zu tun hat.

TIMELESS – zeitlos.

EVERYBODY'S DESIGNER DARLING – Darling, das alle Modeschöpfer versuchen zu beschmusen.

TRANSGENDER – für Sie und Ihn zugleich.

POCHETTE – Einstecktuch für die Brusttasche.

SHANTUNG – reinseidenes Gewebe mit stumpf glänzender Struktur.

GARÇON-LOOK – ein Style wie Louise Brooks oder Josephine Baker: befreite Arme und Beine, gerade Silhouette mit tiefer Taille und der berühmte Bob-Haircut.

Das schöne Einhorn
unterstreicht die
skulpturelle Struktur
ihres Gesichts mit
hellstem Make-up
und verzichtet
bis auf Lippen-
stift auf
Betonung ihrer
Konturen.
Gibt sich da
bewusst
als "Albino"

Tilda
Swinton

'loving the
alien'.
Der androgyne
Look wird mit
maskuliner Mode
inszeniert.

10
RIHANNA

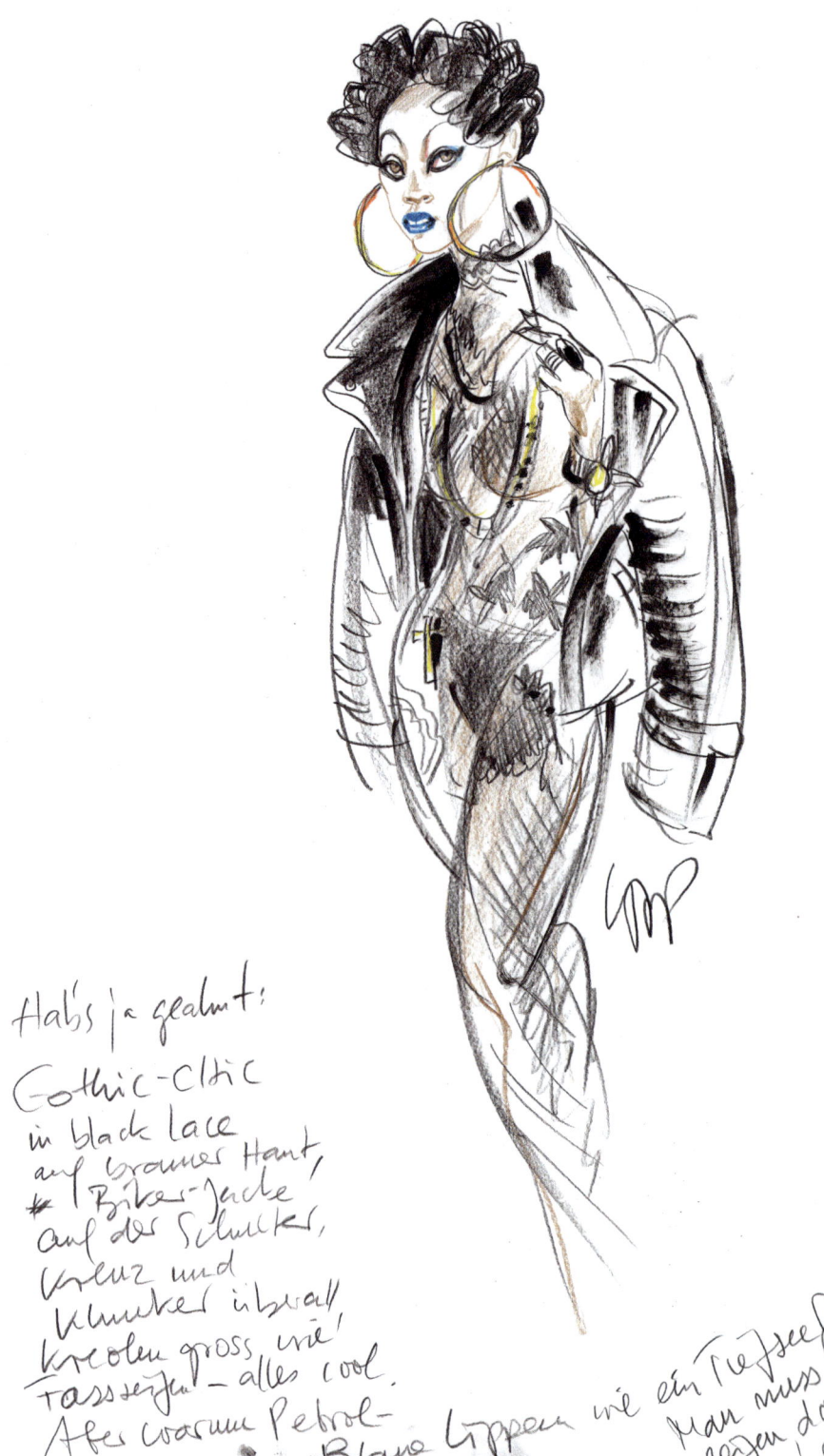

Hab's ja geahnt:

Gothic-Chic
in black lace
auf brauner Haut,
* Biker-Jacke
auf der Schulter,
Kreuz und
Klunker überall,
Kreolen gross wie
Tassen — alles cool.
Aber warum Petrol- Blaue Lippen wie ein Tiefseef
Man muss

POP-PRINZESSIN

Rihanna ist ein typisches Fashion-Doll, ein Modepüppchen. Vom Pariser Luxusmodehaus Balmain zu seinem Gesicht gekürt, für Fendi eine Pelz-Tasche, für Puma einen Sneaker designt: Rihanna lässt sich gerne an alle herumreichen, die ein mediales Upgrade wünschen. Und wenn in Paris mal wieder Fashion-Week ist, sitzt der amerikanische Popstar natürlich dort, wo früher Milliardärinnen und Prinzessinnen saßen: *Front-Row*. Rihanna ist eine Pop-Prinzessin, die es sich leisten kann, den *Total-Couture-Look* für einen Blitz-Auftritt zu kaufen. Ansonsten gibt es für die *Fashion-Credibility* von Rihanna eigentlich keinen besonderen Grund. Sie ist weder besonders stilvoll, noch besonders jugendfrei gekleidet. Umso rätselhafter, dass sie von der US-»Vogue«-Chefin Anna Wintour bereits mit einem Fashion-Award als Mode-Ikone ausgezeichnet wurde. Denn Rihanna ist ein Fashion Victim. Nichts weiter als ein wandelndes Modemagazin, das Werk von Stylisten und Make-up-Artisten. Ein Fashion-Chaos. Ein Beispiel gefällig? Zwanziger-Jahre Josephine-Baker-Frisur, dazu Kreolen, die so groß sein müssen, dass eine fette Ratte durchspringen kann, die Polizeijacke, ausgeliehen vom Cop, der das *bad girl* verhaften sollte. Und dann natürlich – so neu ist das nicht – *Lace & Leather* gemischt, das funktioniert ja immer. Zum Cop-Look trägt sie ein Ganzkörperkondom aus Brüsseler Spitze, das mehr zeigt, als es verhüllt.

» RIHANNAS LOOK WIRKT WIE EINE ZWANZIGER-JAHRE-FILMINSZENIERUNG – NUR KOMMT DER FILM GAR NICHT «

Der echte Afro-Schick, der zu der Zeit gerade entdeckt wurde, die Selbstironie mit dem Bananenrock, all das ist bei Rihanna abwesend. Sie zitiert zwar die Slavery-Kultur, die auf die Champs Élysées und ins Lido kam, um die Leute mit dem unverschämten Afro-Sex-Appeal zu schocken. Doch diese Art- und Fashion-Explosion Anfang des vorigen Jahrhunderts hat sie bisher nicht gegoogelt.

All that SPARKLE

NO WAY!

von zuviel
gekauften
wird
einem
schwindelig
(Marylin
zeigte nie
mal Bug
und dann
erst Heck,
nie alles
auf einmal)

zeken
ené
te in
an-Quatsch)
ie Bockwurst
mantel.
schon fast
dann nimm den Fiff von der Muschi!
Al aussieht
es nicht andersrad
en, (und wenn "Hausfahen [gebildet] in total look, dann
in der eigenen Hausfalle.

Rihannas kometenhafter Aufstieg zur Pop- und Stilikone gleicht einer klassischen Aschenputtelstory. Gestern noch Belugalinsen auf Barbados, heute Belugakaviar im Luxuslokal in Manhattan. Statt in der Kürbiskutsche lässt sie sich im Rolls Royce vorfahren. Als wäre sie ein Hip-Hop-Girl der ersten Stunde, protestiert Rihanna gegen soziale Ungerechtigkeit (in ihrem Fall die sie selbst erfahren hat) und zeigt: Ich kann mir alles leisten. Als »Riri« twitterte sie ihre Gold-Rolex und Brillant-Ohrstecker. So wie einst der Gangster-Schick aus dem sozialen Abseits kam und signalisierte »kommt mir nicht zu nah, ich bin der »*Boy in the Hood*«, sagt uns Rihanna: »Euch werd ich's zeigen. Ich bin immer noch das *Girl in the Hood*«.

»MIT DEN DICKEN, WATTIERTEN SNEAKERS, DEN TRASHIGEN ACCESSOIRES UND DEM OVERALL MIT DEM HERUNTERGEKLAPPTEN LATZ SAH RIHANNA AUF EINMAL AUS WIE EIN AUSGERAUBTER BRIEFKASTEN«

Mit ihrem prophetischen Album »Good Girl Gone Bad«, das 2007 ihren Wandel von der braven Reggae-Popsängerin zur Euro-Trash-Göre markierte, änderte sie auch gleich ihren Dresscode. Aus der Südsee-Lolita wurde auf einmal die Bronx-Schlampe. *Good-Girl-Gone-Bad-Taste.* Erst durch das Aufpim-

WHAT IS THAT:
fashion Police
für actbist
mit Hasen=
mütze und
Fuchsstola
mit
"fear" beschriftet
dazu Polizei Col
Jacke
in
Venyl?
I'm not
getting
the
message.
(get me
a bottle!)

pen mit all den Accessoires, die keine Freundschaft miteinander schließen wollen, stieg sie zur Kronprinzessin des Pop auf. Alles an ihrem Look war plötzlich maßlos übertrieben: die dicken, wattierten Sneaker, die trashigen Accessoires, dazu der Overall mit dem heruntergeklappten Latz. Rihanna sah auf einmal aus wie ein ausgeraubter Briefkasten. Wann immer es ging, wurde provoziert. Als sie einmal ein Oben-Ohne-Cover von sich auf Twitter postete, wurde ihr Konto gesperrt. Ein halbes Jahr später kam sie mit dem Hashtag »Hellurbadgalback« zurück. Aus »Riri« wurde, na klar: »Badgalriri«. Sie mischte immer weiter die Codes aus Street-Fashion, Jugendmode, Sportswear, Hip-Hop, und Bling-Bling, zeitgleich und überdosiert wie hochgiftige Zutaten in einem Chemie-Experiment. Irgendwann musste ihr Look zwangsläufig in einer visuellen Explosion enden.

» NEBEN DER GANZEN NOUVEAU-RICHNESS MUSS AUCH NOCH RICH AUF RIHANNAS T-SHIRT STEHEN – FALLS MAN NOCH NICHT VERSTANDEN HAT, DASS DIESER NEUE POPREICHTUM AUCH BEI IHR ANGEKOMMEN IST «

Während die High-Fashion-Gesellschaft diskret ist und nicht ausgespäht werden will, zwingt uns der Pop-Adel, dabei zuzugucken, wie er sein Geld verschwendet. Cash in etwas zu

wechseln, das mehr Bling-Bling ist, hat hier eine lange Tradition. Denn Geld auf dem Schweizer Privatkonto ist ja leider nicht sichtbar. Also muss bei Rihanna neben der ganzen *Nouveau-Richeness* auch noch »rich« auf dem T-Shirt stehen – falls man es noch nicht verstanden hat, dass dieser neue Popreichtum auch bei ihr gelandet ist. Bei dieser Respektlosigkeit kann man sich natürlich auch vorstellen, alles am nächsten Tag wegzuschmei-ßen, zu entsorgen. Das ist ganz wichtig als Botschaft.

Rihannas Bad-Taste ist natürlich eine hohe Kunstform und zeigt unverblümte Lust am Luxus. Nur wenige Stars beherr-schen den Kostümwechsel so wie sie. Vollkommen kalkuliert benutzt sie eine Zeichensprache, die im Alltag natürlich kom-plett deplatziert wirkt. Und weil die Provokation ein recht kurzes Mindesthaltbarkeitsdatum hat, muss beim nächsten öffentli-chen Auftritt mit großem Aufwand ein völlig anderes Chaos veranstaltet werden. Durch die Nonstop-Veröffentlichungen der Pop-Industry – von Madonnas fleischfarbenen Satin-Korsagen bis zu Lady Gagas Meat-Dress – ist der Charme der Unschuld irgendwann immer verschwunden und es wird bewusst die nächste Übertreibung inszeniert. Schließlich soll man wieder hingucken. Doch was wir da bekommen, ist weder ein Kunst-werk noch ist es irgendwie pornografisch; es ist einfach nur grotesk. Die Rihanna-Show ist wie eine Burleske. Und sie geht damit ganz selbstverständlich zum Event.

»RIHANNA IST GENAU SO *FAST FASHION* WIE ZARA UND H&M«

So wie die Mode-Discounter ihre Flächen als Bespaßung für die Kids jede Woche neu ausstatten, geht auch Rihanna mit jedem Look immer ein Stückchen weiter als alle anderen. Rihannas Stil ist die Stillosigkeit – die sie ganz gut verschleiert, indem sie dieses schüchterne kleine Mädchen hervorholt: »Ich kann nichts dafür, die Fashion hat mich missbraucht.« Egal, ob sie sich mit Nieten-Pumps und Schlagring-Clutch-Bags bewaffnet: Sie wirkt wohl bewusst immer unsicher. Wie eine herausgeputzte Trophäe, die von ihrem *pimp* als Werbetafel missbraucht wird. Sie ist das Gegenteil einer emanzipierten Frau. Als stecke sie in einer Zwangsjacke, trippelt sie in ihren Louboutins, gestützt von ihren Bodyguards. Rihanna ist bis zur Bewegungslosigkeit gestylt. Als Accessoire wählt sie zielsicher schwierige Partner. Schlägertypen, wie ihren Ex Chris Brown. Ein Männertypus, der Frauen in allem attraktiv findet, was sie an der Bewegung hindert. Und auch Rihanna hat keinen Look an, mit dem sie weglaufen kann. Entweder friert sie, weil sie nackt ist, oder sie ist zu schwer, weil sie so behangen ist.

» IN DER FASHION MUSS MAN SICH ENTSCHEIDEN: TÄTER ODER OPFER? WER WILL MAN LIEBER SEIN? «

Alles, was man selbst entscheidet, wirkt natürlich souverän. Echte *Fashion-Doyennes* kennen Trends, aber sie ignorieren sie an sich selbst. Das zeigt ihre Souveränität und ihre Machtstellung. Aber: Alles, was danach aussieht, als ob man dazu überredet wurde, wirkt hilflos – und der Betrachter schämt sich eventuell fremd. Wenn der Stylist mit diesen Frauen wie Rihanna fertig ist, brauchen sie so viel Equipment wie für eine Fotoproduktion, um überhaupt aus dem Haus zu kommen. Unvorstellbar, dass sie überhaupt einen Schritt vorankommen in der eingefrorenen Pose auf ihren zentimeterhohen Plateau-Pumps und den *Bodycon-Dresses*. Schultern hoch, Schmollmund, Augen auf, den Spann durchgeknickt. Im Gegensatz zur Haltung ist das eine leere Geste. Aber weil die Pose merkfähiger ist als die Haltung, bleibt nur die Hülle in Erinnerung.

Merke!:
ein Accessoire
taucht am Outfit
nur 1x auf.
Die Schwester-
Accessoires
bleiben zu Hause,
für die nächste
(An) Gelegenheit!

OmG (oh my God!)
wir wissen,
"Blonds" having
more fun!
But who made
you so rosé?
and: wie all know
the 80ies are
since the 90ies
Back and big
SHouldas. But
wry exaggerate
too late?

RIHANNAS
DOS AND DON'TS

Nicht jeden Tag ist Halloween.

Wer nackt geht, muss gehen, als wäre er angezogen.

Immer bauchfrei ist keine Antwort aufs Global Warming.

Hütet euch vor dem Accessoire-Tsunami.

Den Nude-Look in der eigenen Hautfarbe praktizieren
(not easy!).

Man lenkt vom Reichtum nicht ab, indem man »rich«
aufs T-Shirt druckt.

Trägt man tote Tiere, sollte man nicht noch »Angst« als
Wortspiel nutzen.

WOLFYS FASHION-GLOSSAR: RIHANNA

FASHION CREDIBILITY – man weiß, was man trägt und wird ernst genommen.

AUFPIMPEN – das englische Wort »pimp« bedeutet Zuhälter.

TRASHIG – geschmacksbefreit.

BLING-BLING – alles, was funkelt und scheppert.

NOUVEAU-RICHENESS – zu Recht und illegal erworbenes, neues Geld.

FAST FASHION – der Döner in der Mode.

LOUBOUTINS – Pumps, die es nicht unter 15-Zentimeter-Absätzen machen.

FASHION-DOYENNE – Herrscherin über Mode-Epochen; illustriert die weltweit gültigen Fashion-Gesetze.

BODYCON-DRESS – Kleider aus tri-elastischen Kurzfasern, die Frauenkörper zum »hourglass-shape« formen.

11
CHLOË
SEVIGNY

Skin-
Colours
and
black.

Die
Nacktheit,
die Schatten
wirft.

Daphnis u
Chloé – da
Geschwister
einem Rom
3. Jahrh
Christi
sie leb
Insel
wurd
und u
ents.
Sie lie
Natu
Im G
sind
Wesen
so schein

INDIE-GIRL

Chloë Sevigny verkörpert einen Schauspielertyp, der vom Aussterben bedroht ist, weil er absolut selbstentschieden aussieht. Der noch nicht von Stylisten verplündert ist und sich noch nicht von einer Schweizer Uhrenfirma zur Markenbotschafterin machen ließ. Man sieht bei ihr deutlich: Ich ziehe mich selber an, ich entscheide selber. Ihr Look ist immer noch privat. Das ist nicht dieses Fashion-Statement, das am nächsten Tag nicht mehr gültig ist – im Unterschied zu den vielen Statements, die sonst so abgeliefert werden. Ihr Stil kann sogar ruhig verkehrt sein, der kann auch *awkward* sein. Entscheidend ist: *It is her own style.* Das ist alles hundert Prozent Sevigny. Niemand sonst wagt sich an derart schwierige Kleider heran. Das kann alles sehr schnell trutschig aussehen, wenn man nicht cool ist wie sie. Und wer nicht so langbeinig ist, nun ja, der versinkt in dieser Oma-Garderobe. Das ist keine sexy Fashion. Das ist *indie*. Mit einem

Touch Vintage. Miss Sevigny möchte gerne möglichst *no Fashion-Information* kommunizieren. Da legt sie großen Wert drauf. So wie sich früher die britische Upperclass die Schuhe vom Gärtner eintragen ließ, weil es peinlich war zu zeigen, dass man sich etwas Neues geleistet hat, ist heute etwas gerade deshalb Fashion, weil es die *Fashion-Information* vorenthält. Nach dem Motto: Ich muss nicht jeden, der an mir vorbeiläuft, informieren, dass ich informiert bin. So ein Look ist nur ein paar *lucky few* vorbehalten. Dahinter steckt das ultimative Postulat »Cool«. Und das beherrscht Chloë wie keine Zweite. Denn obwohl ich ihren neuesten Film *nicht* kenne, ihre Biografie *nicht* gelesen habe, ist sie mir durch ihre gewisse Coolness doch im Gedächtnis geblieben. Sie hat einfach einen coolen *USP*, auch *unique selling point* genannt. Man kann sie sich ausschließlich in Rollen vorstellen, die mit sehr speziellen Scripts, von sehr speziellen Regisseuren verfilmt werden. Sie ist die ideale Projektionsfläche. Eigentlich wirkt sie fast ein wenig kommentarlos. *This girl came undone.* Da sieht man keine *faken* Locken, keine *faken* Lippen, da sieht man keine kosmetische Manipulation an der Person. Eine Chloë Sevigny trägt stets No-Make-up-Make-up. Nun hat sie ohnehin diese aufgeklebten Augen, die wie bei Bette Davis so weit vorstehen, dass sie nicht überbetont werden müssen. Wimperntusche reicht. Bei ihr sieht man nicht diese gelayerten Augen-Make-ups mit den schweren, angeklebten Nerzjäckchen oben und unten, die sie momentan ALLE tragen! Da permanent geklebt, darf man sich auch nicht mehr die Augen reiben, nein, nein. Jedenfalls verzichtet sie auf solche Extras. Eben auch auf Extensions.

SMART
IRONISCH
SELBSTBEWUSST
ANDROGYN
DAS GESICHT
IST
eine Fläche

SHE CAME UNDONE!

Sie hat eigentlich immer dieses leicht klebrige Haar, bei dem man sich fragt: War das ein Unfall? Oder ist es mit *Chicken Broth* gewaschen worden? Damit zeigt sie uns natürlich: Ich bin so *bohème*, ich hab's nicht nötig, mich zu bemühen? Schließlich habe ich Persönlichkeit.

Das wirklich Bestechende an Chloë Sevigny: Man hat das Gefühl, sie macht alles für sich und rät uns damit wortlos: »Macht's genauso!« Meinetwegen auch die nicht vorteilhaften Outfits (ist ja beruhigend zu wissen, dass auch mal eine Fashion-Ikone danebengreift). Selbst die misslungen wirkenden Looks sind ein Statement ihrer Souveränität. Genau dafür wurde sie schon immer vom New Yorker Underground bewundert und verehrt. Seit drei Jahrzehnten ist dieses junge Ding Model und Muse für den Downtown-Cool. Hat in den frühen 90er-Jahren für »Sassy« gemodelt, erst die Hauptrolle in Musikvideos von Sonic Youth, dann im Indie-Streifen »Kids« von Larry Clark gespielt – was sie schlagartig berühmt machte. Aus diesem Film hat sie dann auch dieses Street-Girl-Gesicht behalten, diesen Next-Door-Look, den sie unvergesslich in das Drama »Boys Don't Cry« einbrachte. In Wahrheit ist sie kein hübsches Mädchen. Sie wirkt distanziert und dadurch immer auch ambivalent mondän. Sie hat immer diesen Blick, der einen im Grunde zwar genau anguckt, aber seltsamerweise keinen Kontakt mit einem aufnimmt. Ihr passiver Look lässt die anderen aktiv werden. Er ist bewusst nicht auffordernd, nicht entschuldigend, sondern immer bei sich selbst. Deshalb stürzen sich die Erfinder der

Ugly-Fashion-Fotografie, Jürgen Teller und Terry Richardson, auf sie. Oder Designer wie Miuccia Prada, die den Ugly-Chic zur Street-Credibility erklärt und Chloë zum Gesicht ihrer Miu-Miu-Kampagne gemacht hat.

» MAN IST AUF DAUER NUR ATTRAKTIV, WENN MAN ENTSCHIEDEN WIRKT. WAS NICHT HEISST, DASS MAN SICH BERATUNGSRESISTENT MACHT. DIE FASHION-CODES SOLLTE MAN SCHON KENNEN «

Heute ist unser Indie-Girl selber Fashion-Entrepreneur und macht mit dem New Yorker Design-Label »Opening Ceremony« den Sevigny-Look für alle. Ihre Anziehungskraft ist und bleibt ungebrochen. Was in der schnelllebigen Fashion-Welt wahrlich eine Leistung ist. Aber sie weiß eben ganz genau, dass man auf Dauer nur attraktiv ist, wenn man selber entschieden wirkt. Was nicht heißt, dass man sich beratungsresistent macht. Man sollte ruhig informiert sein und die ganzen Fashion-Codes kennen, um sich dann selbstbestimmt zu entscheiden. Ruhig auch wissen, dass man mit Mode eine wortlose Sprache spricht. Das ist Kommunikation, die stumme Sprache der Mode. Wir senden dem Anderen nonstop Symbole. Egal, ob Punk, Glam oder Grunge. Alles findet im kurzen Moment der Begegnung statt.

Und wenn ich mir Chloë genauer anschaue, dann will sie uns wohl Folgendes mit ihren Looks mitteilen: Ich bin eine amerikanische Charlotte Gainsbourg. Sie ist zwar ein SoHo-Girl, aber ich habe nicht viele in New York gesehen, die so aussehen. Und doch ist ihr Look ganz und gar New York. New York ist nicht Amerika, nicht LA und nicht West Hollywood. Es ist ein europäischer Melting-Pot. Der Sehnsuchtsort aller Immigranten. Chloë könnte aus Paris sein oder London. Sie hat einfach diesen Bobo-Chic. Sie ist ein Upperclass-Girl mit Erziehung, aber sie versteht auch die Bohème in der Mode. Und dann hat sie dieses Gesicht, an dem nichts *supersweet* ist: Sie hat zu viel Kinn, zu schmale Lippen. Das ist kein Barbie-Gesicht. Es ist sehr herb mit diesem androgynen Körper. So sieht alles null angestrengt an ihr aus. Sie ist sehr zurückhaltend still. Obwohl sie eine Schauspielerin ist, benimmt sie sich so schweigsam wie ein Model. Genau wie die echte Charlotte Gainsbourg. *N'est-ce pas?*

»WAS AUCH EIN GUTER TRICK IST, UM BEINE SCHLANKER AUSSEHEN ZU LASSEN: KEINE MANOLO-BLAHNIK-SANDALETTCHEN TRAGEN, SONDERN SCHWERE SCHUHE MIT DICKER SOHLE«

Egal für welchen Look sich Chloë Sevigny entscheidet: Es endet nie im Fashion-Chaos. Sie trägt immer Farben, die "you dont have to be rich to be my girl"

WASCH Blondes Haar in Hühner-brühe!
(dann hast Du den CHLOE's Look)
Gib
"frame"
Wenn Strumpf (d.h. Bein) und Schuh dieselbe Farbe haben, wirkt alles zusammen wie eine Installation.
Two pieces of art plus Smart

stimmig sind, selten Dekolleté und folgt keinem Designer-Look, sondern ihrem Instinkt, was zu ihr passt. Sie ist nicht der Typ, der sich mit Statussymbolen wichtig macht. Sie ist nie von Accessoires *overloaded*. Es sind wirklich Accessoires, die sie tragen kann, nicht umgekehrt, die *sie* tragen. Für diese Haltung ist sie ein gutes *role model*. Man hat ja manchmal das Gefühl, dass einige Frauen mitten im Lieferwagen sitzen und sich wahllos an der Amazon-Lieferung bedienen. *Not so cool*. Sich besser bedeckt halten wie Chloë. Sie trägt meistens schwarze Schuhe. Auf jeden Fall immer die richtigen, coolen Modelle, die auch ein bisschen schwer wirken, mit dicken Sohlen, wie die legendären »Grunge Doc Martens«. Was natürlich auch ein ganz guter Trick ist, um Beine schlanker aussehen zu lassen. Das machen die Manolo-Blahnik-Sandalettchen nicht – für zierliche Schuhe braucht man Cinderellas Füße. Chloës Schuhe und Sandalen sind immer modern, beinahe männlich. Es ist aber kein *boyisher* Look, den sie pflegt. Die Rolex leiht sie sich von den Jungs, sie zeigt kein Dekolleté und hat keine Taille. Sie ist ein *boy in a dress*. Sie hat Jungsbeine und auch dieses *Boy*-Gesicht, durch das prominente Kinn. Vor allen Dingen wirkt sie nicht *curvy*, sie wirkt *straight*. Und damit kann man sich eine Menge erlauben, weil es nicht unbedingt die sexuellen Attribute unterstreicht. In der ernst zu nehmenden Fashion, da ist alles, was vordergründig sexuell wirkt, gar nicht cool. Man spielt zwar mit Andeutungen, aber nicht, indem man alles in den Vordergrund rückt. Das macht es immer fragwürdig und anbieterisch. Das ist der Unterschied zwischen Claudia Schiffer und Pamela Anderson, nicht wahr?

CHLOËS DOS AND DON'TS

Vergesst Extensions und aufgeklebte Wimpern!

Erlaub dem Haar den *natural flow*.

Tretet bei allem, was ihr tragt, entschieden auf.
Entschieden wird daheim, ob man den Look bis
abends durchhält.

Legt euch einen Blick zu, der zwar genau beobachtet,
aber keinen Kontakt aufnimmt. Schaut mich an! Ich
schaue nicht zurück.

Benehmt euch wie ein Topmodel: zurückhaltend, höflich
und diskret. Das verleiht euch French Charme. Stellt
sicher, dass ihr Accessoires tragt und nicht umgekehrt.

Tragt schwere Schuhe mit dicker Sohle. Das macht die
Knie schmaler.

Stimmt alle Farben auf euren eigenen Ton ab. Dieser ist
»tonangebend«.

WOLFYS FASHION-GLOSSAR: CHLOË

AWKWARD – seltsam schön.

HAPPY FEW – die, die zur allerwichtigsten Party eingeladen sind.

USP – Unique Selling Point; der Look, der deine eigene Show ist.

FAKE – artifiziell und industriell.

GEGLUED – mit UHU befestigt.

CHICKEN BROTH – Hühnerbrühe aus der Dose.

NEXT DOOR – das Déjà-Vu-Gesicht.

UGLY CHIC – ein bewusster Stil, der auf dem Red Carpet Flecken macht.

CURVY – Kim Kardashian, Marilyn Monroe, Venus von Willendorf.

12
KATE MIDDLETON

Es ist diese GUTE LAUNE-
Geste, nicht
Royal Attitude
die Kate so
endlos
Sympat
mac
Kann es
sein, dass
sich so
ähnlich
eine
Flugbegleiterin
in einer
„Royal-
Airline"
vorstellen
kann?
Sie ist so
perfekt next-
looking, dass
leicht denkt, m
ihr kann man
Pferde stehlen
und den Thr
von England
besteigen!
(Whoop

NO-DRAMA-QUEEN

Kate Middleton, pardon, Catherine Herzogin von Cambridge, führt uns mit ihrem Look ganz schön an der Nase herum. Sie gibt vor zu sparen, während sie eben gerade überhaupt nicht spart. Warum sie das macht? Sie will bei den weniger Reichen einfach keinen Neid erzeugen und von den ebenso Reichen oder noch Reicheren akzeptiert sein. Das ist ein bisschen kniffelig. Aber Kate hat den Trick ganz gut raus. Sie trägt ausnahmslos Fashion, die nach wenig aussieht, deren eigentlicher Wert sich nur den *happy few* erschließt. Denn alles, was sie anzieht, sieht so aus, als ob man es auch ganz billig kaufen könnte oder schon immer im Kleiderschrank hatte. Das kirschrote Kostüm mit Schößchen und Bubi-Kragen? Gibt es exklusiv beim Hofschneider, könnte man aber genauso gut auch im Katalog bestellen. Das Etuikleid mit Lochstickerei, das nach Tanzstunde aussieht? Hängt bei Barneys New York auf der Top-Designer-Etage, aber bestimmt auch bei Topshop. Kates Devise: Royal Chic war gestern! Es lebe der *Austerity-Chic*! Hauptsache, keine Angriffsfläche geben durch modische Übertreibungen oder Luxus. Lieber ein auf royal getrimmter Streber-Look, den wir schon von Winona Ryder kennen als Blockbuster-Mode. Kate versucht, so auszusehen wie Mädchen ihres Alters eben aussehen – und es gelingt ihr verblüffend gut.

Kates Look ist sehr geschickt gewählt, denn: Er macht nicht neidisch. Offen zur Schau gestellter Luxus kommt in finanzkrisengeschüttelten Zeiten ungefähr so gut an wie Youtube-Videos, in denen Babykätzchen gefoltert werden. Wenn man schon wohlhabend ist, soll man sich bitte die Mühe machen, das zu verbergen. Man trägt den Zobel nach innen und rasiert, die Einkaufstüten aus den Luxusboutiquen mit dem Logo Richtung Oberschenkel und selbst nach Hause. Kate entscheidet ganz genau, was sie zeigt und was nicht. Damit regt sie nicht auf, aber sie regt damit auch nicht an. Denn alles, was ein bisschen rigide aussieht, sieht inhuman aus. Der Look kann schnell langweilig werden. Er ist so überschaubar, man kann sie sich schon jetzt als Queen vorstellen, mit lila Mäntelchen, lila Hut und lila Tasche. Kate ist die *Next-Generation*-Prinzessin, die die Krone stützt.

Weil im britischen Königshaus irgendeiner ja immer massiv aus der Reihe tanzt und an der Krone rüttelt, hat Kate, die bürgerliche Kunsthistorikerin, 2011 den Job der royalen PR-Lady übernommen. Die Haltung, der Gute-Laune-Ausdruck, dieses

Pflichterfüllende: Wie eine Botschafterin oder die Stewardess von Royal Airlines – eine First-Class-Airline natürlich – ist sie das Skandal-Korrektiv an der Seite ihres Prince William. Dabei macht sie ein Gesicht, als ob sie sich gerade mit einer großen *audience* beschäftigt; wirkt aber durchaus so, als ob sie sich auch kümmern würde, wenn es darauf ankommt. Vielleicht ist ja ein First-Aid-Kit in den Clutches, die sie als permanentes Accessoire mit sich herumträgt? Kate weiß jedenfalls: Die Repräsentantinnen eines Landes werden sehr wohl nach ihrer Fashion beurteilt. So schnell ändert sich das sogenannte Volk nicht. Auch bei einer Jackie Kennedy, wie eine Königin verehrte Präsidentengattin, regte sich die Öffentlichkeit auf, dass sie ständig neue Kostüme trug, in Paris shoppte und nicht in New York bei Macy's. Genau wie man sich bei Angela Merkels betont bescheidenen Outfits nicht beruhigen kann – die oft so konturenlos sind wie manche ihrer Worte. Die Outfits der Repräsentantinnen sind eben eine Art Kommunikation. Statements, die das kulturelle Verständnis illustrieren oder wie international man ist. Und Kate ist eben nicht im Brit-, sondern *Austerity*-Chic gekleidet.

No Versace,
no DRAMA!

Das sogenannt
„ganz NORMALE"
ist in Wahrheit
hohe Kunst des
„Customizing's"
des Absteckens
und des
Anprobierens!!

Princess
Perfect

Manchmal trägt Kate tatsächlich High-Street-Fashion. Dann sieht man sie in *Skinny Jeans*, Ringelshirt und navy-blauem Blazer. In Wirklichkeit sind diese Outfits aber *customized*. Die Ready-to-Wear-Kunststückchen, die sie zum D-Day oder nach einer Thronfolger-Geburt trägt, werden von den royalen Schneidern, die dem Hof nahestehen, auf ihren Körper angepasst. Das erkennt man an ein paar verräterischen Details. Die Ärmel ihrer Jäckchen sitzen *immer* passgenau und knapp über dem Knöchel, der Busen ist *ganz genau* ausgearbeitet (normalerweise wird er von Stangenmode flach gedrückt oder füllt den für Oberweiten vorgesehenen Hohlraum nicht aus), *alle* Röcke enden bei ihr kurz über der Kniemitte. Ihre *Flight-Attendant*-Uniformen sehen maßgefertigt aus. Selbst wenn sie tatsächlich mal High-Street-Fashion trägt. Das ist Maßarbeit und mit der Waage abgewogen.

» WENN MAN KEINE STRINGENTEN, SPORTLICHEN MODELMASSE HAT: BESSER ANFANGEN, MIT SEINEN LOOKS ZU ENTERTAINEN «

Kates Looks sehen nicht nach irgendeinem Zeitpunkt aus, nicht nach einem bestimmten Fashion-Moment. Sie könnten aus den 60ern sein, den 50ern oder auch den 80ern. Sie könnte sie weitertragen, bis sie 66 ist. Vorausgesetzt, sie behält ihre Figur (worauf wir wetten können). Das Spiel mit dem Konservativen sieht nur in Schlank gut aus. Sobald man diese stringenten, sportlichen Modelmaße nicht mehr hat, fängt man besser an, mit seinen Looks die Umwelt zu unterhalten. Dann sollte man übertreiben im Minimalismus oder der Dekoration. Dann hält man es wie die Fashion-Doyennes und sagt: Ich ziehe mir trotzdem genau das an, was mir nicht steht. Damit zeige ich, dass ich erhaben bin über euer Urteil, oder ich unterhalte euch und lenke damit ab. Denn an den Look »brünette Mähne mit kleiner Clutch in beiden Händen« gewöhnt man sich doch recht schnell, nicht wahr? Diese Kate schafft mich sicher zur First-Class-Lounge, aber einen Entertainment-Faktor hat sie nicht.

» SIE HAT DIESE HOCKEYSPIELER-WADEN, SIE HAT OBERSCHENKEL UND MAN DENKT SOFORT: WIRKLICH GUT AUSGESUCHT, UM VIELE KINDER IN DIE WELT ZU SETZEN «

Dieses Disziplinierte, Energetische, das Kate hat, ist natürlich auch an ihrer royalen Mähne und den Zähnen zu sehen. Das sind beides Dinge, die man nicht manipulieren kann, wenn man sie nicht von der Natur geschenkt bekommen hat. Sie zeigt damit eine unbeschreibliche genetische Stärke, denkt man an die Legende von dem biblischen Paar Samson und Delilah. So wie Samson die Haare abgeschnitten werden und er damit seine Stärke und Potenz verliert, drückt auch eine Frau ihre Kraft mit diesem Mittel aus. Kate hat diese Genpool-Power von Geburt an (man kann sie auch bei ihrer Schwester Pippa erkennen). Sie ist nicht *superskinny*. Sie hat diese Hockeyspieler-Waden, sie hat Oberschenkel und man denkt sofort: wirklich gut ausgesucht, um viele gesunde Kinder in die Welt zu setzen. Weshalb der halbe Globus ja permanent rätselt: Ist Kate schwanger? Junge oder Mädchen? Wann kommt der Nachwuchs? Wahrscheinlich trägt sie zum Royal-Nachkommen-Schutz auch immer diese Clutch-Bags vor dem Unterleib.

Es gibt natürlich Adel mit mehr Fashion-Credibility als eine Kate Middleton. Elisabeth von Thurn und Taxis etwa oder Coco Brandolini D'Adda. Aber die Windsors sind das wichtigste Königshaus. Die englische Presse, die jedes Guinness-Bier zu viel aufdeckt, hat schon immer dafür gesorgt, dass alle Welt von den royalen Skandalen erfährt. Das Königshaus war also fest entschlossen, Mrs. Perfect davorzusetzen. Ein Glücksgriff. Denn, typisch Insel-Tradition, wäre es eigentlich natürlich gewesen, eine nächste Exzentrikerin an der Seite eines Prinzen zu zeigen. Camilla Parker Bowles wirkt an der Seite von Prince Charles doch sehr exzentrisch, mit ihren kleinen Hüten und den auf Hochspannung sitzenden Kostümen. Oder Sarah-Fettnäpfchen-Ferguson. Auch immer daneben. Wie aber auch eine Diana nonstop aus der Rolle gefallen ist. Nur war sie Cover-Girl, also haben wir ihr die Nähe zu Skandal-Designer Gianni Versace und Partykönig Elton John verziehen. Denn in der Position als Vertreterin des englischen Königshauses war sie streng genom-

241

men nicht pflichterfüllend. Sie brachte viel zu viel Emotion in alles mit, flirtete nonstop mit den Kameras, war geständniswütig. Kate ist der *Anti-Punk*. Sie soll uns nicht unterhalten, sie soll nicht permanent neuen Stoff liefern für Spekulationen. Sie soll in erster Linie *performen*.

» DIANA IST DIANA. KATE IST *NO-DRAMA* «

Deshalb ist sie für das Königshaus ein Gottesgeschenk. Sie kann sofort das Erbe der Elizabeth II. antreten. Sie hat diese Willenskraft, diesen Überlebenscharakter, den auch die immer noch regierende Queen hat. Und wie diese Queen macht sie auch keine großen Statements. Sie ist nicht politisch wie eine Diana, die sich als ewige Kindergärtnerin auf ihre Art und Weise sehr sozial gab. Dieses Kapitel ist abgeschlossen. Kate symbolisiert einen neuen Zeitgeist, der Karriere und Pflicht und Disziplin für die wichtigsten Überlebensmittel hält und nicht die Party, die zu Ende geht. Jetzt ist eben nicht mehr Versace. Jetzt ist High-Street-Fashion.

KATES
DOS & DON'TS

Seid Fashion-Diplomatin und lasst Designermode wie
High-Street-Fashion aussehen.

Ready-to-Wear immer customizen. Niemand hat
Idealmaße.

Macht stets ein Gesicht, als ob ihr Publikum habt. So ist
man auf das Schlimmste und Beste stets vorbereitet.

Konservative Fashion geht nur in Schlank. Couture ist für
Lady Gaga oder Problemfiguren erdacht.

Legt euch auf keine Fashion-Dekade fest. Zeitlos ist
praktischerweise zeitlos.

Vermeidet Exzentrik – außer ihr seid bildschön.
Aufmerksamkeit erträgt nur, wer Aufmerksamkeit
gewohnt ist.

WOLFYS FASHION-GLOSSAR: KATE

HAPPY FEW – die die Queen auf Speed-Dial haben.

AUSTERITY-CHIC – Schummel-Schick.

BLOCKBUSTER-MODE – Traffic-Stopping-Fashion.

SCHÖSSCHEN – angekraustes Stück Stoff, rund um die Hüfte drapiert.

FLIGHT-ATTENDANT-UNIFORM – Saftschubsen-Schick.

FASHION-DOYENNE – Herrscherin über Mode-Epochen; illustriert die weltweit gültigen Fashion-Gesetze.

FASHION-CREDIBILITY – Stil, den man gerne imitieren würde.

SUPERSKINNY – Size Zero – or less.

CLUTCH-BAG – großes Portemonnaie in verschiedenen Farben und Materialien.

HIGH-STREET-FASHION – Hochmode, die von Zara nachgeschneidert wird.

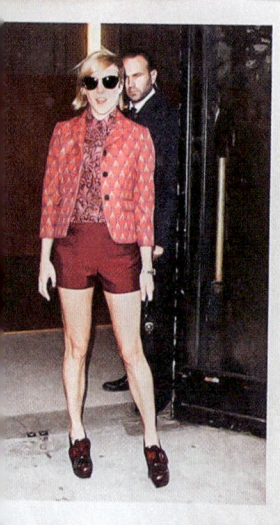

»WENN IHR MICH FRAGT: ICH WILL
MEINEN STIL NICHT UNBEDINGT
ERKENNEN, UM LEBENSLÄNGLICH
DER GLEICHE ZU SEIN. ICH MÖCHTE
IMMER SO AUSSEHEN, WIE DER,
DER MIR GERADE GEFÄLLT.
ABER NICHT SO, WIE ICH VOM
LIEBEN GOTT ODER DER BÖSEN
MUTTERNATUR ZU RECHT GESCHUBST
WURDE. SOLL ICH MICH DAUERND
MIT DIESEM KOMPROMISS ABFINDEN?
DENKE GAR NICHT DARAN«

» ES IST ERSTAUNLICH, WIE LEICHT ES SCHEINT, SICH EINE FORMEL ZU ÜBERLEGEN. VORAUSGESETZT MAN NIMMT DIE INTELLEKTUELLE HERAUSFORDERUNG, DAS SPIEL MIT DER MODE ERNST UND BEWEIST MUT, ANDERS SEIN ZU WOLLEN. ALSO: WHY DON'T YOU? UNTERHALTET UNS! «

IMPRESSUM

© 2015 GRÄFE UND UNZER VERLAG GmbH, München.

1. Auflage 2015

Projektleitung: Regina Denk
Lektorat: Dorothea Steinbacher
Gestaltung: Edwin Lemberg, Marcel Lunkwitz
Illustrationen: Wolfgang Joop
Redaktion: Nils Binnberg
Cover: Edwin Lemberg, Marcel Lunkwitz
Herstellung: Markus Plötz
Satz: KONTRASTE – Graphische Produktion, Björn Fremgen
Reproduktion: Ludwig, Zell am See
Druck und Bindung: GGP Media GmbH, Pößneck
Alle Fotos: Getty Images

ISBN 978-3-8338-4477-5
www.graefeundunzerverlag.de

WOLFGANG JOOP
MIT REBECCA CASATI

UN
DRES
SED

Aus einem
Leben mit mir

A

224 Seiten
Auch als
E-Book

WOLFGANG JOOP

erzählt aus
seinem Leben:
»Eine rasante
Autobiografie
in Dialogform!«
Freundin

Designer, Künstler, Unter-
nehmer: Wolfgang Joop hat
viele Identitäten, und alle
lebt er voller Intensität und
Leidenschaft. Im Gespräch
mit Rebecca Casati erinnert
er sich an Erfolge und Nie-
derlagen, denkt über Mode
und Kunst nach, über Frauen
und Männer, und erzählt
offen von seinen Wünschen,
Träumen und Ängsten.

»Erfrischend uneitel.
Chapeau!« *Hörzu*

Atlantik

Ein Unternehmen der
GANSKE VERLAGSGRUPPE